SPÉCIMEN

D'ARCHITECTURE GOTHIQUE,

ou

PLANS, COUPES, ÉLÉVATIONS,

DE LA

CHAPELLE DU CHATEAU DE NEUVILLE,

AVEC DÉTAILS DE MAÇONNERIE, CHARPENTE, COUVERTURE,

MENUISERIE, MARBRERIE, SCULPTURE, PROFILS DÉVELOPPÉS ET COTÉS, AVEC DEVIS ESTIMATIFS,

ET

PROJET DE DÉCORATION DE CHAPELLE D'UNE GRANDE CATHÉDRALE GOTHIQUE;

PAR A. L. LUSSON,

ARCHITECTE DES TRAVAUX PUBLICS, ANCIEN COMMISSAIRE-VOYER DE 1re CLASSE DE LA VILLE DE PARIS,

AUTEUR DES OUVRAGES INTITULÉS :

CONSTRUCTIONS AU MEILLEUR MARCHÉ POSSIBLE ; MONUMENS ANTIQUES ET MODERNES DE LA SICILE;

PALAIS ET MAISONS DE NAPLES ; PROJET D'UN COLLÈGE-MODÈLE POUR TROIS CENTS ÉLÈVES ;

PROJET DE MONUMENT TERMINANT L'ILE DE LA CITÉ ET SE LIANT AVEC L'ÉGLISE NOTRE-DAME DE PARIS;

PROJETS DE TRENTE FONTAINES MONUMENTALES ;

PROJET DE RÉUNION DU LOUVRE AUX TUILERIES, COMPRENANT LA BIBLIOTHÈQUE ROYALE

ET DES GALERIES POUR L'EXPOSITION DES PRODUITS DE L'INDUSTRIE FRANÇAISE ;

ETC., ETC., ETC.

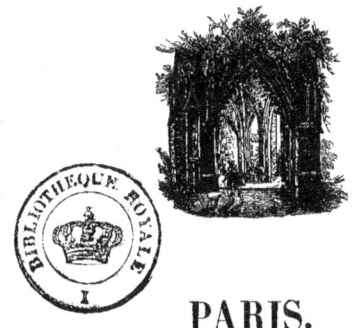

PARIS.

A.-L. LUSSON, ARCHITECTE, RUE DES SAINTS-PÈRES, N. 13.

LIBRAIRIE D'ARCHITECTURE DE BANCE AÎNÉ, RUE SAINT-DENIS, N. 271.

—

1839.

INTRODUCTION.

L'indifférence du dernier siècle pour l'architecture gothique et du moyen âge est en partie cause de la ruine de beaucoup de monuments publics et particuliers qui faisaient la gloire de notre France. Cette indifférence a provoqué, légitimé, on pourrait dire, l'abandon dans lequel les autorités locales ont laissé certains édifices qui, construits à grands frais et avec un art admirable, donnaient une haute idée de la puissance et du génie de la nation. Cette architecture, si riche et si variée de pensée et d'exécution, a cessé d'être comprise; on l'a méprisée, et même, dans le siècle dernier, elle a fait place à l'architecture grecque et romaine qui l'avait précédée; de là ces destructions barbares de monuments de premier ordre, dont la perte est irréparable et sans compensation; de là, chez les praticiens, l'oubli des moyens d'exécution et de restauration de ces sortes d'édifices; de là le prix excessif que coûtaient ces restaurations, quand parfois la nécessité commandait qu'elles fussent faites.

Heureusement que la France du XIXᵉ siècle ne partage pas l'erreur de la France du XVIIIᵉ, et qu'aujourd'hui les hauts administrateurs de la fortune publique et les riches particuliers s'occupent à l'envi de la conservation des précieux monuments gothiques qui font la gloire de nos vieilles cités et qui, par leur ensemble et leurs détails, enseignent l'histoire non-seulement à nos compatriotes, mais encore aux étrangers qui viennent admirer nos richesses monumentales.

Mais comme nous venons de le dire, peu de personnes ont étudié à fond, de nos jours, cette architecture tant déprisée, par conséquent peu d'ouvriers connaissent les moyens à employer pour reconstruire ou pour raccorder avec l'ensemble les parties qui demandent à être refaites ou restaurées; l'élévation du prix de la main-d'œuvre, qui naturellement doit être proportionné à la difficulté d'exécution, vient à son tour arrêter la bonne volonté des autorités, que paralyse ensuite le manque de traités théoriques et pratiques propres à donner aux praticiens les renseignements positifs sur le mode ou genre de construction à employer dans tel ou tel cas particulier.

Il nous a donc semblé qu'un ouvrage de peu d'étendue, qui donnerait un certain nombre d'exemples de membres et de profils d'architecture gothique, notamment de ceux qui sont la base du système, avec la manière de les exécuter à bon marché, et ferait connaître le prix approximatif de ce que chaque objet pourrait coûter, serait non-seulement utile aux préfets, aux maires et autres administrateurs, qui y trouveraient, en quelque sorte, les moyens de diriger eux-mêmes les travaux et d'en apprécier à l'avance la dépense; mais aux praticiens qui voudraient y chercher les moyens d'exécuter convenablement tels ou tels détails, ou de redonner à chacun d'eux son type primitif, altéré par le temps ou la main du vandalisme.

Les riches particuliers et les amateurs des arts ne verront pas sans plaisir, nous le pensons, qu'on peut encore espérer construire de petits édifices de ce genre à peu de frais, à l'aide des moyens que notre industrie peut nous fournir.

Parmi ces moyens, nous signalerons 1° le procédé mécanique imaginé depuis peu, par M. F. Moreau, à l'aide duquel on copie identiquement en bois, en pierre, en marbre et sur telle échelle qu'on veut, et autant de fois qu'on le désire, un modèle dont on a étudié à loisir tous les détails; 2° celui du tour appliqué par nous, pour la première fois, au château de Neuville, pour confectionner toutes les courbes ou portions de cercle de la menuiserie ogivale; 3° la substitution de la fonte de fer à la pierre dans certains monuments publics où domine la sculpture, substitution que, pour le dire en passant, nous avons préconisée en 1830 à l'occasion de notre projet d'embellissement de la place Louis XV, demandé et sanctionné par la ville de Paris, substitution que, depuis, on avait paru dédaigner et qu'aujourd'hui, à la satisfaction des amis des arts, on vient d'essayer en grand, au même lieu, avec le succès que nos essais en petit, dans l'atelier du fondeur Calla, nous avaient permis d'espérer.

On se propose aussi, dit-on, d'employer la fonte de fer aux baies des croisées ogivales de l'église projetée sur l'emplacement de Bellechasse. Si ce nouvel essai réussit, comme il y a lieu de le croire, ce sera un grand pas de fait dans la voie économique qu'on se propose. Toutefois, il ne faut pas se le dissimuler, il est des circonstances où cette substitution de la fonte à la pierre offrira des difficultés réelles, car il est des formes courbes, des ornements à profils refouillés qui ne sauraient sortir des moules présentement en usage pour la fonte de fer. Peut-être, au lieu de vaincre la difficulté, la tournera-t-on, en évitant de reproduire ces formes d'un dépouillement difficile, ou bien en leur ôtant une partie de leur caractère; ce serait un malheur, car, à nos yeux, ces formes articulées sont l'essence de l'architecture gothique, elles en constituent en quelque sorte le caractère, et l'on ne saurait l'en priver sans nuire essentiellement à cette fermeté des détails qui contribue si puissamment à ses admirables effets. Mais, puisqu'il est aujourd'hui reconnu qu'à l'aide du tour on peut exécuter promptement, à peu de frais et avec une précision admirable, ce que le ciseau du sculpteur ou du menuisier ne pouvait opérer qu'à force de temps et d'argent et que la fonte de fer n'imiterait qu'imparfaitement et à grands frais, proposons la substitution du bois à la pierre et à la fonte de fer pour certains objets d'une dimension moyenne; ce sera un moyen de concilier à la fois et les intérêts de l'art et les intérêts matériels si souvent en opposition et toujours si difficiles à accorder.

Mais ce n'est pas ici le lieu de s'occuper de hautes questions de construction; bornons-nous à proclamer cette vérité incontestable dont la portée est immense, que désormais, aidé des procédés ingénieux que peut lui fournir l'industrie, l'art de bâtir, tel qu'il a été perfectionné par les sciences exactes, les études archéologiques et les progrès d'une saine philosophie, a reconquis tous les moyens de restituer à l'architecture gothique le sceptre religieux qu'elle a si dignement tenu pendant tant de siècles, sceptre qu'on a tenté, sans succès réel, de lui faire partager avec l'architecture grecque et romaine, et qu'elle est, selon nous, seule digne de porter, parce qu'elle est la fille du christianisme, dont elle rappelle les croyances fondamentales, et que c'est à cette noble origine qu'elle doit et son caractère majestueux et sa toute-puissance sur l'âme.

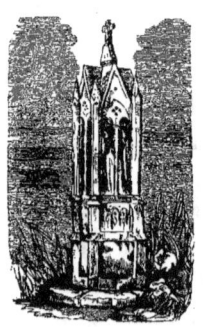

CHAPELLE

DU

CHATEAU DE NEUVILLE.

EXPLICATION DES PLANCHES.

PLANCHE PREMIÈRE.

PLAN. (1)

Cette chapelle est, par sa forme, une imitation des premières basiliques chrétiennes. Son plan offre un parallélogramme rectangle, dont les extrémités sont fortifiées à l'extérieur de quatre contreforts formant pilastres ; deux autres contreforts de même forme, mais de moindre dimension, marquent et décorent les côtés de la porte qui est située au milieu de la façade principale. L'intérieur de la chapelle est éclairé par quatre baies percées sur chacun des murs ; les deux des côtés latéraux sont de forme ogivale, celles des extrémités sont circulaires. L'autel est placé au fond, en face la porte, en avant d'une

---

(1) Les différentes parties de ce plan ont été cotées, avec toute l'exactitude nécessaire à l'exécution, d'après le pied métrique.

1

espèce de cul-de-four, à pans coupés, au milieu duquel est, sur un piédestal, la statue de la sainte Vierge, à qui la chapelle est dédiée.

Le pavé, qui n'a point été exécuté avec la richesse que nous lui donnons ici, pourrait être ou en marqueterie ou en mosaïque, selon la situation des lieux et les matériaux qu'on aurait à sa disposition. Une croix grecque en marque le centre; elle est entourée d'ornemens figurant une espèce de rose gothique. Les compartimens carrés, triangulaires, lozanges, qui complètent sa décoration, sont combinés de manière à laisser à cette rose toute son importance et à établir dans l'ensemble une symétrie parfaite.

PLANCHE DEUXIÈME.

ÉLÉVATION DU PORTAIL DE LA CHAPELLE.

Comme dans toutes les autres parties de l'édifice, la forme triangulaire domine ici. Cette forme, on le sait, a été de tout temps symbolique; chez les peuples de l'antiquité elle était l'emblême de la divinité et de l'éternité; les nations chrétiennes y attachent les mêmes idées, elles y voient en outre le signe de la Sainte-Trinité.

La décoration de cette façade consiste en quatre pilastres semblables de formes, sinon de dimension. Deux servent à fortifier les angles de l'édifice; deux à encadrer la porte d'entrée; ils sont tous couronnés de clochetons uniformes et surmontés d'un ornement formant la croix de tel point de vue qu'on l'aperçoive. Ces pilastres reçoivent les rampans des frontons triangulaires qui terminent et la façade et la porte d'entrée; leurs lignes se raccordent avec celles de la corniche de ces frontons, lesquels sont terminés l'un, le principal, par un ornement semblable à celui des clochetons, simulant une croix; l'autre, au-dessus de la porte, par une véritable croix latine; celle-ci ne se perdant pas dans l'air et n'étant pas destinée à être vue autrement que de face, ou à-peu-près, une telle forme lui convenait mieux. Les rampans des frontons, des pilastres et des clochetons sont tous armés de la plante dite choux gothique. Une rose à jour et un trèfle, creusé du tiers de l'épaisseur de la pierre, au milieu d'un renforcement circulaire, enrichissent les deux pignons de l'édifice.

La porte, en bois de chêne poli, est étudiée de manière à former un ensemble avec la façade. Elle est sur-élevée de deux marches, qui font comprendre que le sol a été exhaussé, afin de rendre moins humide l'intérieur de la chapelle.

PLANCHE TROISIÈME.

ÉLÉVATION LATÉRALE.

Cette façade, malgré sa grande simplicité, a le caractère de sa destination, aussi bien que la précédente, qui est plus ornée. Au centre est une baie en ogive, dont les moulures sont en pierre et la croisée en bois. Les moulures des deux pilastres servant de contreforts aux extrémités sont en renfoncement, comme celles des clochetons qui les surmontent, afin d'augmenter leur légèreté; celles du socle sont saillantes, ainsi que l'indiquent les profils. Une corniche avec un architrave gothique couronne cette élévation.

La couverture est en zinc, avec bourrelet à recouvrement. Elle se termine par un faîtage de même matière, imitant une espèce de feston gothique, qu'on peut exécuter très bien et à peu de frais au moyen d'un emporte-pièce. Cet ornement, qui donne de la légèreté à la couverture, produit sur place un effet riche et gracieux.

PLANCHE QUATRIÈME.

COUPE SUR LA LARGEUR.

Cette coupe est prise au milieu des deux croisées latérales, afin de faire voir le système de charpente employé pour la couverture du comble et la formation de la voûte ogivale de la chapelle. Elle montre que chaque ferme (il y en a deux dans la longueur de l'édifice) se compose : 1° de deux arbalétriers reposant sur deux sablières; 2° d'un entrait qui les unit; 3° d'un poinçon sur lequel s'assemble le faîtage; 4° de deux liens ou esseliers, assemblés d'un bout dans les arbalétriers, et de l'autre dans l'entrait; 5° de deux autres liens assemblés dans les arbalétriers et le poinçon, afin d'empêcher la ferme de pousser au vide; 6° de deux autres liens sous le faîtage; 7° enfin, de deux pannes assemblées dans les arbalétriers pour recevoir les chevrons, qui sont au nombre de seize.

La voûte en ogive est complétée par des fermes légères, construites en planches, d'après le système de Philibert Delorme, et sur lesquelles s'attachent les lattes ou voliges destinées à recevoir le dernier enduit de plâtre ou de blanc en bourre.

Si l'économie le demandait, les sablières pourraient être de deux pièces; dans ce cas, il faudrait lier les deux pièces par des plates-bandes en fer. Il en serait de même des chevrons; on aurait soin alors de faire porter le point de jonction de chacun sur les pannes. Les planches à clouer sur les chevrons, pour recevoir la couverture en zinc, se placent très près les uns des autres, mais ne doivent pas se toucher; elles ont 9 à 10 lignes d'épaisseur. Quant à la couverture en zinc, elle se compose de grandes lames soudées, fixées au faîtage par des bourrelets maintenus par des vis recouvertes d'une calotte en zinc, qui les garantit de l'oxidation. Ainsi disposées, les lames de métal peuvent se dilater sans aucun inconvénient.

La rose placée au-dessus de l'autel étant de pur luxe, attendu que celle du portail et les deux croisées latérales éclairent suffisamment la chapelle, on pourrait la supprimer si l'on voulait restreindre la dépense. Au-dessous se voit l'entablement qui règne tout au pourtour intérieur; il est en pierre tendre, mais il pourrait n'être qu'en bois ou même en plâtre. Dans les angles et de chaque côté de l'autel, des moulures ou nervures montant de fond et se mariant avec celles de la voûte, ornent le nu des murs et donnent à l'ensemble un peu de richesse.

L'autel, en bois, est élevé comme d'usage sur une marche, aussi en bois; il se raccorde avec un lambris continue en menuiserie, à hauteur d'appui, qui règne tout autour de la chapelle pour en corriger l'humidité. Au-dessus de l'autel est une niche de forme gothique, au milieu de laquelle est une statue de la sainte Vierge tenant dans ses bras l'enfant Jésus; cette niche a pour amortissement un encorbellement en menuiserie simulant un de ces dais en pierre qui, dans nos anciennes églises, couronnent des statues de saints personnages. L'encorbellement supporte une espèce de reliquaire, également en bois, qui se marie avec la décoration générale de la chapelle.

PLANCHE CINQUIÈME.

COUPE SUR LA LONGUEUR.

Cette coupe est prise sur le milieu de la porte d'entrée et de l'autel ; elle en fait voir les profils aussi bien que de la niche terminée par le dais en encorbellement, dont la planche précédente a montré la face.

Au milieu de cette vue latérale intérieure est une croisée en ogive, qui se répète à la face opposée. Ses moulures sont en pierre, mais non celles du châssis vitré, qui, sont en bois. Une tablette en marbre appliquée sur le nu du mur et encadrée de moulures, occupe le dessous de cette croisée ; on y a tracé en lettres d'or le motif de la construction de la chapelle (elle sert de tombeau de famille) ; de chaque côté sont des répétitions de ces pilastres, à nervures, qui, en se prolongeant jusqu'au sommet de la voûte, coupent l'uniformité des murs et constituent une sorte de décoration en harmonie avec le style simple de la chapelle.

Au moyen de cette coupe longitudinale, on peut étudier les profils de l'entablement et ceux des deux roses placées au-dessus de la porte d'entrée et de l'autel, aussi bien que de ceux de la baie d'entrée. Tous ces profils ont été tenus très simples de forme, afin d'offrir moins de difficultés à l'exécution et de ne pas entraîner dans de grandes dépenses. Cette coupe fait voir de plus que la charpente se compose de deux fermes seulement, semblables entre elles ; et que la toiture repose sur seize chevrons couronnés chacun d'un ornement en zinc découpé, qui sert d'amortissement à l'édifice.

PLANCHE SIXIÈME.

DÉTAILS ET PROFILS DES CONTREFORTS, OU PILASTRES EXTÉRIEURS, ET DE LEURS CLOCHETONS.

Ces détails et profils, comme tous ceux donnés sur les planches suivantes, sont développés sur une si grande échelle, leurs numéros de renvoi sont si exactement répétés, on a pris tant de précautions pour que le praticien n'ait pas la moindre incertitude sur la forme des moulures rentrantes et saillantes, sur les assemblages et le raccord des parties, que nous nous abstiendrons de toute explication. Il serait d'autant plus inutile de nous étendre, que nous avons poussé la précision jusqu'à indiquer les points de centre qui ont servi et doivent servir à l'exécution graphique de toutes les courbes, tant dans les élévations que dans les profils. Ainsi nos dessins sont de véritables épures, d'après lesquelles on pourra procéder sans craindre d'être arrêté par un difficulté non prévue.

Comme on peut le voir sur cette planche de détails, les quatre grands pilastres sont plus riches de moulures que les deux petits ; les choux placés sur les angles des rampans des grands et petits frontons et des clochetons pyramidaux varient de forme et de richesse, selon qu'ils décorent de plus ou moins grands membres. Cet ornement se dispose ordinairement de manière à avoir toujours deux faces semblables. Le goût demande aussi que les moulures des frontons soient arrondies à la rencontre des angles, car il en résulterait un mauvais effet si l'on continuait la ligne droite. Dans l'architecture gothique il convient d'opposer une forme arrondie à un angle aigu, comme nous l'avons fait en introduisant dans nos pignons, tantôt un trèfle, tantôt une rosace circulaire, tantôt l'un et l'autre.

PLANCHE SEPTIÈME.

PROFILS DES CORNICHES ET DES BASES TANT EXTÉRIEURES QU'INTÉRIEURES,
ET DES DIVERSES MOULURES
DE MAÇONNERIE ET DE MENUISERIE, AU QUART DE L'EXÉCUTION.

Nous avons rapproché sur cette planche le soubassement et l'entablement extérieur de l'édifice, afin qu'on puisse apprécier le rapport de leurs parties constitutives, et juger l'ensemble de leur combinaison.

Le lambris d'appui indiqué en coupe par les lettres F G, et en plan par I, donne les assemblages de toutes ses parties. Ce soubassement pourrait être en marbre ; alors les joints se trouveraient aux astragales de la base et de la corniche.

Les pilastres intérieurs, dont les profils sont figurés sous la lettre H, ne doivent point saillir davantage que la corniche du soubassement sur laquelle ils reposent, ni moins que la première moulure de l'architrave. Il en est de même de la base C, qui ne doit point avoir plus de saillie que la corniche du lambris d'appui.

PLANCHE HUITIÈME.

PLAN, COUPE, ÉLÉVATION ET DÉTAILS DE LA ROSE OU CROISÉE CIRCULAIRE DES FACES
ANTÉRIEURES ET POSTÉRIEURES.

Cette planche est divisée en trois parties distinctes : La première donne l'élévation
et la coupe de la rose qui, dans son entier, a cinq pieds de diamètre ; la seconde, le quart
de cette rose donné sur une très grande échelle, et sur lequel sont indiqués les divers points
de centre qui ont servi à déterminer les courbes ; la troisième, les coupes, au quart
de l'exécution, nécessaires au menuisier pour exécuter les profils de toutes les parties
qui sont de son ressort.

Cette rose ayant été exécutée partie en pierre, partie en bois, nous avons indiqué, en
coupe, la pierre par une teinte claire, le bois par une teinte foncée.

PLANCHE NEUVIÈME.

PLAN, COUPE, ÉLÉVATION ET DÉTAILS DE L'UNE DES CROISÉES EN OGIVE.

Cette planche représente l'ensemble de la menuiserie et de la maçonnerie de l'une des
croisées latérales, avec les coupes et élévations de toutes les parties dont elle se compose.
Toutes les combinaisons en sont cotées avec exactitude ; on a même poussé la recherche
jusqu'à indiquer les assises. Ainsi il ne peut rester le moindre doute sur la forme de
chaque moulure, sur l'ajustement et le raccordement de chaque pièce, et sur la manière
dont les courbes se pénètrent en différens sens, parties qui présentent ordinairement
d'assez graves difficultés au praticien. C'est ce qui nous a déterminé à donner sur une
grande échelle une partie de l'élévation de cette croisé, où nous avons indiqué par diverses coupes, les profils des moulures qui la composent, et les points de centre de toutes
les courbes.

Les roses orientales et occidentales de la chapelle aussi bien que les deux croisées
latérales, sont vitrées en verre de couleurs.

Par mégarde, le graveur n'a pas suivi sur cette planche un même système de teinte pour les objets d'une même nature. Dans le plan il a indiqué la maçonnerie par une teinte foncée, et le bois par une teinte claire ; il a opéré différemment dans la coupe sur la hauteur et dans les détails : ici c'est la maçonnerie qui est teintée clair, et la menuiserie foncé.

PLANCHE DIXIÈME.

PLAN, COUPE, ÉLÉVATION ET DÉTAILS DE LA PORTE EN MENUISERIE.

Cette planche offre : 1° le plan de la porte ; 2° au-dessus, l'élévation dans son entier ; 3° à droite, la coupe prise sur la hauteur ; le tout dessiné sur une échelle de six centimètres pour mètre. Comme cette porte a beaucoup de moulures et que ses profils sont très variés, nous avons développé sa partie supérieure sur une plus grande échelle, ainsi que ses plans et ses assemblages de menuiserie ; outre cela, nous avons donné diverses projections ou coupes destinées à faire bien comprendre comment se lient ou se raccordent entre eux les divers profils ; car bien que les moulures soient les mêmes dans chaque combinaison, les panneaux changent de formes ; il faut faire accorder leurs moulures avec les divers contours indiqués.

Les profils de la rosace du milieu et ceux des chapiteaux étant compliqués, nous en avons donné la coupe à moitié de l'exécution. Avec de tels renseignemens, il nous paraît impossible qu'un ouvrier intelligent puisse rester dans l'embarras. Sur la planche suivante est développée la partie basse de cette porte.

PLANCHE ONZIÈME.

PLAN, COUPE, ÉLÉVATION ET DÉTAILS DU BAS DE LA PORTE.

Nous donnons sur cette planche : 1° L'élévation du bas de l'un des vantails de la porte ; 2° Le plan de ce vantail pris sur la ligne A B, au milieu du panneau circulaire, avec celui des moulures du chambranle. 3° La coupe prise au milieu du vantail sur la ligne C D.

4° Le détail du cul-de-lampe servant de base à la colonnette du milieu placée en encorbellement.

En élévation la porte a presque le même aspect à l'intérieur qu'à l'extérieur. En exécution il en est autrement : pour en diminuer la pesanteur, nous avons supprimé une colonne à chaque vantail, plus une des trois colonnes du milieu, qui ont été remplacées par une grande cannelure rappelant les mêmes lignes.

Si l'on voulait apporter de l'économie dans l'exécution de cette porte, on pourrait faire le parement extérieur seulement à grand cadre, et celui intérieur avec les moulures rapportées.

PLANCHE DOUZIÈME.

ÉLÉVATION ET DÉTAILS DE L'AUTEL.

Le coffre de cet autel est en menuiserie, il pourrait être en marbre; il est précédé de la marche indispensable à la célébration du divin office. Au-dessus est le gradin sur lequel se placent les chandeliers et le tabernacle quand on en veut un. Ici nous avons remplacé ce meuble par une figure de Christ en croix. La croix, les six chandeliers qui l'accompagnent, s'accordent, pour leur forme et leur décoration, empruntées à l'architecture gothique, avec les autres parties décoratives tant intérieures qu'extérieures de la chapelle, afin d'arriver à cette unité de style si désirable dans les édifices. Un arrachement du lambris d'appui en menuiserie, figuré de chaque côté de l'autel et sur lequel on a projeté les profils et les plans de ses moulures, aussi bien que sur le panneau du devant de l'autel, rend parfaitement compte de l'effet que doit produire l'ensemble de la composition, et comment se raccordent entre elles ses différentes parties. Au-dessus du Christ en croix se voit le soubassement en encorbellement de la niche où est placée la statue de la sainte Vierge.

PLANCHE TREIZIÈME.

PLAN ET ÉLÉVATION DE LA NICHE AU-DESSUS DE L'AUTEL ET DE SON COURONNEMENT.

Sur cette planche nous avons donné tous les détails relatifs à la niche, à son couronnement, au dais avec pendentifs en encorbellement qui la surmonte. Le plan de la niche proprement dite est la moitié d'un hexagone; avec le dais, un hexagone entier. Le piédestal supportant la statue est au centre; il saille sur le nu du mur de quelques pouces, ainsi que les deux pilastres d'encadrement; ces parties saillantes ont pour soubassement des culs-de-lampe en encorbellement richement sculptés.

Au-dessus du plan est figuré l'élévation du dais; à gauche sa coupe, et à droite le profil de diverses corniches et moulures à moitié de l'exécution; enfin, un fragment du plan de la partie supérieure de la niche et l'élévation de la naissance de l'un des pendentifs présentés au quart de l'exécution. Ces sortes d'ouvrages présentant des difficultés sans nombre, on sera bien aise sans doute de trouver ici cette réunion de renseignemens qui ne saurait être trop nombreuse. Le petit temple en forme de reliquaire, qui couronne ce dais, est à jour, ainsi que la galerie en arcades ogives qui règne au-dessous; mais toutes ces baies pourraient être feintes seulement, ainsi que nous l'avons indiqué en coupe entre les lignes B C. Tout ce couronnement a été exécuté en bois de chêne poli; en pierre ou en marbre, il eût entraîné dans de trop grandes dépenses. Les cercles et autres courbes ont été faits au tour; il en est résulté une économie notable et une perfection de travail qu'on n'eût pu obtenir par les procédés ordinaires.

Ces sortes de couronnement, qui comportent une grande richesse de moulures ou d'ornemens, encadrent bien les niches et donnent de la dignité à la statue; ils nous paraissent mériter la préférence sur les tableaux peints en ce qu'ils se marient mieux avec la décoration architecturale de l'autel et donnent à l'ensemble plus d'unité.

PLANCHE QUATORZIÈME.

EXEMPLES TIRÉS DES MONUMENS DE DIFFÉRENS AGES.

La chapelle du château de Neuville, que nous avons prise pour base de ce spécimen, bien qu'elle soit peut-être aussi riche que certaines cathédrales en motifs d'architecture gothique, ne pouvait naturellement renfermer tous ceux qui composent le système, et encore moins les présenter d'âges et de styles différens. La planche XIV, sur laquelle nous avons rassemblé plus de vingt objets divers dessinés par nous-même en grande partie, d'après des documens célèbres dans les fastes de l'art chrétien, est destinée à combler cette lacune.

Sous les n° 17 et 20 sont deux exemples, présentés de face et de profil, de ces grands contreforts indispensables à la consolidation des édifices gothiques, et dont l'effet est si peu agréable quand on n'allège pas leur masse à l'œil par des ornemens artistement combinés. Ces deux exemples, fort bien ajustés, sont tirés de cathédrales anglaises.

Les figures 9 et 11 sont des exemples de ces énormes piliers, avec leurs bases, employés au soutien des coupoles, des tours ou des clochers. Leur masse est déguisée par une succession de bases et de colonnes engagées, dont l'unique objet semble être de soutenir la retombée des voûtes ogives, et de continuer leurs nervures. Sous les n° 8 et 12 sont deux autres piliers de cette espèce, mais moins gigantesques.

Le n° 14 offre un exemple de base de colonne. Si ce membre de l'architecture gothique offre peu de variétés, par contre les chapiteaux en présentent d'innombrables, et c'est par eux qu'on peut, jusqu'à un certain point, reconnaître l'âge des monumens auquel ils appartiennent. L'abus des figures grotesques et fantastiques et des bas-reliefs dans cette partie de l'ornementation, qui signala le bas-empire jusqu'au temps de Charlemagne, devenu moins général dans les xi° et xii° siècles, fit place aux xiii° et xiv° siècles à un système plus d'accord avec le goût et la raison. Ce système, fruit du contact des chrétiens avec les Arabes, les Maures et les Sarrazins, au temps des croisades, substitua des plantes, des fleurs, des oiseaux, des reptiles aux monstrueux ornemens des siècles précédens, et il produisit parfois des chapiteaux qui s'approchèrent assez près du type greco-romain, pour n'en être en quelque sorte qu'une variété. Les cinq chapiteaux gravés sous les nᵒˢ 13, 14, 15, 18, 19, tout bizarres qu'ils puissent paraître aux amateurs exclusifs de l'architecture classique, sont assurément fort agréablement composés, et leur galbe n'est pas dépourvu d'un mérite réel ; ceux nᵒˢ 21 et 25, s'éloignent davantage du beau type. Ces exemples sont empruntés à l'Angleterre, excepté celui nᵒ 25, qui est tiré de la cathédrale de Bourges.

Dans l'architecture gothique les porte-à-faux sont fréquens ; pour les déguiser, pour assurer la solidité de l'édifice, on établit au-dessous des constructions en encorbellement formant cul-de-lampe, consoles, etc. Parfois, ces encorbellemens supportent des colonnes, des statues, des chaires à prêcher, des amortissemens ; d'autres fois des simulacres d'édifices, etc. ; conséquemment, ils varient de forme, de dimension, selon l'objet de leur destination. Nous donnons sur cette planche, sous les nᵒˢ 16, 21, 23, 24, quatre exemples variés de richesse et de facilité d'exécution de ces sortes de supports.

Les clochetons pyramidaux sont également très nombreux dans les édifices gothiques religieux, et souvent ils présentent un grand luxe de sculpture. Outre les exemples appartenant à la chapelle du château de Neuville, gravés sur nos planches, nous en donnons ici deux autres d'un caractère particulier ; celui nᵒ 1, dont les détails sont très fins, convient à une décoration riche ; celui nᵒ 7, à une composition en menuiserie ou à un intérieur d'édifice de petite dimension : les dessins de ces deux amortissemens de clochetons pyramidaux ont été levés en Angleterre.

Pour annoncer au loin que l'édifice dont le faîte surpasse toutes les bâtisses qui l'environnent, est un temple chrétien, on couronne ordinairement la pointe de son fronton par un ornement sculpté en pierre, qui, de tel point qu'on l'aperçoive, doit présenter l'image de la croix latine. Ce sont deux de ces ornemens qu'offrent les nᵒˢ 4 et 10 ; l'un, par sa richesse, est digne d'une cathédrale ; l'autre, plus simple, par conséquent moins dispendieux d'exécution, convient à un monument d'une moindre importance.

Comme on le voit, la plupart des motifs réunis sur cette pl. XIV appartiennent autant au domaine de l'architecture qu'à celui de la sculpture, et sont souvent un composé de l'un et de l'autre. Ceux nᵒˢ 2 et 3, 5 et 6, sont de pures sculptures ; ils représentent de face et de profil, deux figures d'anges tirées d'une chapelle particulière à Oxford ; l'un de ces anges porte un écusson, l'autre le signe symbolique de la pureté virginale.

PROJET DE DÉCORATION

D'UNE

CHAPELLE DE CATHÉDRALE

GOTHIQUE.

Nous remplissons notre promesse de donner un exemple de riche décoration de chapelle gothique, en publiant, comme corollaire de notre Spécimen d'architecture gothique, l'un des projets qui obtinrent la sanction de l'administration de la Ville de Paris, en 1825, lorsqu'elle voulait mettre fin à cet état d'abandon et de délabrement où se trouvaient et où se trouvent encore la plupart des chapelles latérales de l'église métropolitaine. Ce projet d'ensemble de restauration de Notre-Dame eût honoré le pouvoir administratif et favorisé le développement de nos arts ; il est à regretter que les circonstances n'aient pas favorisé sa mise à exécution, et avec d'autant plus de raison, que le peu de restaurations partielles qui ont été faites depuis, ne partent point d'un plan unique, concerté à l'avance, et ne s'accordent pas avec le caractère propre de l'édifice. Mais lorsque la plupart de nos églises sont dans un état satisfaisant d'entretien, lorsque chaque année des sommes considérables sont affectées à la construction et à la réédification d'édifices plus ou moins importans, plus ou moins utiles, maintenant que le ministère est chargé de l'entretien et de la restauration des cathédrales de France, et que des fonds lui sont alloués par les Chambres pour ces dépenses nationales, le temps ne peut être éloigné où l'église Notre-Dame, ce type gothique le plus parfait, le plus entier, le plus complet de la chrétienté, celui que visitent d'abord les étrangers venus de tous les points du monde pour admirer nos merveilles, verra mettre à exécution cette restauration complète, désirée depuis tant d'années par les amis des arts, et par tous ceux qui s'intéressent à notre gloire nationale.

4

PLANCHE QUINZIÈME.

PLAN DU REZ-DE-CHAUSSÉE.

Le plan gravé sur cette planche est celui de la chapelle Sainte-Clotilde, la troisième à gauche dans l'église Notre-Dame de Paris, et dont la restauration nous avait été confiée en même temps que celle de la chapelle suivante, dédiée à Saint-Lazare. Cette chapelle, à bien dire, n'a que deux faces à décorer ; celle de l'autel et celle du confessional en face ; car le côté de l'entrée présente une arcade ayant toute la largeur de la baie, et celui opposé est rempli presque en entier par une croisée gothique, au bas de laquelle, pour tout ornement, on ne pourrait guère placer autre chose qu'une tablette propre à recevoir une inscription. Son pavé est en marbre, et divisé en compartimens variés de dessin ; au centre de celui du milieu est figurée une croix grecque. De chaque côté de l'autel, dont le plan est pris au niveau du dessus, sont des crédences de forme circulaire, qui se répètent à la face opposée, au-dessous de niches dont nous parlerons ; les deux premières servent à placer les burettes pendant le service divin, les deux autres peuvent être employées à supporter des reliquaires ou des vases sacrés.

PLANCHE SEIZIÈME.

COUPE, COTÉ DE L'AUTEL.

Un revêtissement en marbre, s'élevant jusqu'au niveau de la croisée, enrichit le nu des murs et forme le soubassement de la chapelle. L'autel est en marbre blanc et ouvert sur le devant, afin de laisser voir la statue de la sainte patronne du lieu, qui y est représentée couchée sur sa tombe, disposition qui rappelle l'usage des premiers chrétiens, d'officier sur les dépouilles mortelles de leurs saints personnages. Il est garni de ses chandeliers ou candélabres, au milieu desquels est un riche crucifix, de forme gothique comme eux ; au-dessus est une grande niche, dans laquelle est la statue de sainte Clotilde. Cette niche, dont les lignes architecturales sont la principale richesse, est surmontée d'un magnifique dais sculpté, ayant pour couronnement un clocheton en forme de reliquaire, montant jusqu'à la voûte ; à droite et à gauche de Clotilde, des anges assis sont occupés, les uns à contempler la sainte, les autres à tracer sur des tablettes les actions qui lui ont mérité le séjour des bienheureux. L'espèce de niche dans laquelle ils sont, se termine en haut par un encorbellement formant piédestal aux statues du premier de nos rois chrétiens et de l'évêque qui lui administra le baptême. Ces statues, en marbre blanc, sont placées dans des niches que couronne un autre encorbellement, ayant d'un côté la forme d'un dais, de l'autre celle d'une galerie. Cet ornement, répété quatre fois dans la partie haute du cintre de l'arcade, fournit l'occasion de placer convenablement, ou des groupes d'anges chantant les louanges de la reine bienheureuse, ou des bas-reliefs représentant les principales actions de sa vie.

La voûte ogivale de la chapelle est ornée de caissons à fond d'or, au milieu desquels sont peints des anges en adoration; le fond de la grande niche, au-dessus de l'autel, est doré en or mat; les statues de Clovis et de saint Remy se dessinent sur un fond bleu d'azur; les arcades du petit temple en forme de reliquaire, placé au-dessus du couronnement de l'autel, sont peints en rouge antique. Ces couleurs tranchées ont été combinées de manière à s'harmoniser avec les vitraux peints de la croisée.

PLANCHE DIX-SEPTIÈME.

COUPE, COTÉ DU CONFESSIONAL.

Quoique rentrant dans un même motif de décoration, les deux principales façades de la chapelle offrent néanmoins entre elles des différences assez notables. Dans celle-ci un confessional, gothique par sa forme, occupe la majeure partie du soubassement; sa porte, selon l'usage, est à jour par le haut, pour laisser pénétrer la lumière à l'intérieur; trois figures d'anges, placées sur les montans supérieurs du panneau principal, veillent à ce que la curiosité ne puisse pas profaner la sainteté du lieu. D'autres figures symboliques, en bas-reliefs, décorent la partie haute des quatre clochetons en menuiserie, qui surmontent les pilastres et complètent la décoration ogivale du couronnement.

Au-dessus du confessional et du revêtement en marbre formant soubassement à la chapelle, est un grand bas-relief, destiné à représenter l'un des sujets importans de la vie de Clovis, soit son baptême, soit son couronnement par saint Remy. Dans la partie haute de l'arcade pourrait être peinte à fresque l'apothéose de sainte Clotilde. Enfin, de chaque côté du tableau , pour faire pendant aux figures de Clovis èt de saint Remy de la façade en regard , seraient placées deux statues de personnages saints du même siècle. Mais , de ce côté, les piédestaux de ces statues, au lieu de reposer sur une espèce de culot, auraient pour soutien un encorbellement , analogue par sa forme et sa décoration à ceux de la partie supérieure du cintre de l'arcade, et qui se répéteraient ici comme à la face opposée. Les petites galeries continueraient à offrir , en bas-relief demi-bosse, la suite des faits mémorables de l'histoire de la sainte patronne.

D'une telle multiplicité de lignes architecturales, de bas-reliefs, de statues , de peintures , d'objets variés de forme et déjà riches d'effet, il résulterait sans doute un ensemble d'une grande magnificence, et qui pourrait être d'un mérite de premier ordre, si l'exécution de chacune de ses parties constitutives était confiée à des artistes d'un talent reconnu.

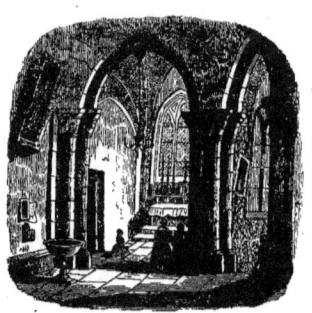

CHAPELLE DU CHATEAU DE NEUVILLE.

DEVIS ESTIMATIF.

ARTICLE PREMIER. — TERRASSEMENT.

La fouille. Jetée sur berge, des tranchées pour les murs en fondation, de 98 pieds de pourtour, sur 3 pieds de large et 2 pieds de profondeur, produit en cube. . . . 588 pieds.

L'emplacement des quatre contreforts, de chacun 6 pieds de pourtour, ensemble 24 pieds, sur 1 pied de large et 2 pieds de haut 48

La partie pour les deux contreforts de la porte et les marches, de 9 pieds de long sur 2 pieds de large et 2 pieds de profondeur. 36

Total des pieds cubes de fouille. . . 672

A trois centimes le pied cube fait, en argent, pour total du terrassement. . . . . . . 20 fr. 16 c.

ARTICLE DEUXIÈME. — MAÇONNERIE.

Fondations en moellon hourdé en mortier de chaux et sable.

Le mur de la face principale et de celle postérieure, ensemble 36 pieds, et les deux murs des faces latérales, ensemble 47 pieds, donnent, pour les quatre faces, 83 pieds de pourtour, lesquels, à 2 pieds 3 pouces d'épaisseur et 2 pieds de hauteur, produisent ensemble. 373 pi. 6 p. cubes.

Les quatre contreforts des angles, chacun de 5 pieds de pourtour, ensemble 20 pieds, sur 1 pied de saillie et 2 pieds de hauteur. 40

Le massif pour les contreforts de la porte et les marches, de 8 pieds de long sur 2 pieds de saillie et 2 pieds d'épaisseur. 32

Total des pieds cubes de murs en fondation. . . 445 pi. 6 p.

Moellon en fondation. . . 445 pi. 6 p.

Façade principale, murs en élévation, détail de l'un des contreforts et de son clocheton.

Le soubassement, y compris sa base, de 2 pieds 7 pouces sur 2 pieds 7 pouces et 3 pieds 8 pouces de hauteur, produit en cube. . . . . 24 pi. 5 p.

Du dessus de la base jusqu'à la moulure du fronton du pignon, 2 pi. 4 p. sur 2 pi. 4 p. et 15 pi. 6 p. de hauteur. 84   4

Le fronton avec ses corniches rampantes, de 2 pi. 2 p. sur 2 pi. 2 p. et 2 pi. 2 p. 6 lignes de hauteur. 10   4

Le socle et la base du clocheton, de 1 pi. 7 p. sur 1 pi. 7 p., et 1 pi. 2 p. de hauteur. 2   11

La partie au-dessus, jusqu'à la hauteur de son fronton, de 1 pi. 2 p. sur 1 pi. 2 p. et 2 pi. 6 p. de hauteur. 3   4

Le fronton de ce clocheton avec ses corniches rampantes, de 1 pi. 4 p. sur 1 pi. 4 p., et 1 pi. 8 p. 6 lignes de hauteur. 3   0

La partie pyramidale du clocheton de 11 p. sur 11 p. et de 2 pi. 5 p. 6 lignes de hauteur. 2   1

Total des pieds cubes du contrefort. . . . 130 pi. 5 p.

Dont à déduire : évidement et déchet, 1° pour la base, deux angles de chacun 3 pouces, ensemble 6 pouces sur 7 pouces de saillie et 3 pieds 8 pouces de hauteur, produit en cube 1 pied 2 pouces; 2° Pour la partie supérieure jusqu'au fronton du pignon, deux angles de chacun 6 pouces, ensemble 1 pied, sur 7 pouces et 15 pieds 6 pouces de hauteur, produit en cube 8 pieds 10 pouces; 3° Pour les évidemens des corniches rampantes, quatre angles de chacun 1 pied 10 pouces, réduits de haut, ensemble 5 pieds 4 pouces, sur 2 pieds 2 pouces 6 lignes aussi réduit de haut, et 2 pouces d'épaisseur, produit en cube 11 pied 11 pouces.

Total du cube des évidemens (1). . . . . 11 pi. 11 p.

Evidement et déchet. . . 11 pi. 11 p.

Lesquels 11 pieds 11 pouces déduits des 130 pieds 5 pouces, il reste en œuvre pour cube de pierre. . . . . 118 pi. 6 p.

Pierre de taille. . . . 118   6

Taille de pierre. Le parement du soubassement 6 pi. 4 p., développé sur 2 pi. 3 p. de hauteur, produit en surface. . . . . 14 pi. 3 p.

A reporter. . . . . 14 pi. 3 p.

(1) Nous n'avons rien compté en évidement pour le dégagement des parties supérieures des clochetons, qui sont peu importans, mais nous les avons estimés en taille.

Report. . . .	14 pi.	3 p.
La base dudit soubassement, de 6 pi. 4 p. de pourtour, évaluée 4 pi. de profil, comptée à fois 1/2 de taille, produit en surface.	38	0
Le parement de la partie supérieure développée, 5 pi. 10 p. sur 15 pi. 6 p. de hauteur.	90	5
Les moulures en renfoncement, de 30 pi. compris le développement, donnent, pour les deux faces, 60 pi. évaluées à 2 pi. de taille, comptée à fois 1/2 de surface.	180	0
Les corniches des frontons des contreforts, ensemble de 6 pi. 9 p., développement compris, évalué 2 pi. de taille, comptée à fois 1/2.	20	3
Les trois trèfles du fronton ont été évalués chacun à 4 pi. de taille, ensemble.	12	0
Les moulures ogives, en renfoncement, continuant celles des pilastres, de 2 pi. 6 p. de pourtour, compris la plus-value pour taille circulaire, comptée à fois 1/2 de taille de pierre.	7	6
La taille préparatoire faite pour la sculpture de vingt choux, évaluée pour chacun à 4 p. de taille.	80	0
La taille du socle sous la base du clocheton, de 6 pi. 4 p. développée, sur 10 p. de hauteur.	5	3
La moulure développée de la base, 6 pi. 4 p., évaluée à 2 pi. de taille, compris chanfrein.	12	8
La partie au-dessus, jusqu'à la corniche, de 4 pi. 8 p. de pourtour sur 2 pi. 6 p. de hauteur. . . . . . . :	11	8
Les moulures en renfoncement, de 6 pi. 6 p. pour chaque face compris le développement ; ensemble 26 pi. pour les quatre faces, compris la plus-value des parties circulaires évaluées 2 pi. de taille, mais comptée à fois 1/2.	78	0
Les moulures développées des corniches des quatre frontons, ensemble 14 pi., évalués 2 p. de taille comptée à fois 1/2. -	42	0
La taille en renfoncement des quatre portions de cercles dans les parties supérieures évaluées chacune 2 pi. de taille.	8	0
Les quatre faces pyramidales du clocheton, ensemble 4 pi. de pourtour sur 3 pi. de hauteur, taille compensée.	12	0
La taille préparatoire faite pour la sculpture des vingt choux, évaluée pour chacun à 5 pi. de taille compris le refouillement des quatre frontons.	100	0
Le couronnement des frontons, pour épannelage et taille préparatoire de la sculpture et aussi la taille de la corniche, évaluée 18 pi.	18	0

Total de la surface de taille. . . .	730 pi. 0 p.		
Ces 730 pieds produisent 20 toises 10 pieds.	20 t. 10 pi.		0
L'autre contrefort entièrement semblable, savoir : pour cube de pierre.	118		6
Pour évidement et déchet.	11		11
Pour surface de taille.	20	10	0

La porte et ses deux contreforts couronnés de clochetons, avec ses voussoirs, son fronton, etc., comptés par moitié, c'est-à-dire un contrefort, un dosseret, la moitié des voussoirs et de la corniche, ainsi que du fronton.

Le soubassement, compris la base, de 1 pi. 9 p. de long sur 2 pi. 6 p. de large et 3 pi. 8 p. de haut.	16 pi.	0 p.
La partie au-dessus, jusqu'à la naissance du cintre, de 1 pi. 9 p. de large sur 2 pi. 3 p. d'épaisseur, et 5 pi. 7 p. 2 l. de haut. . . .	22	0
La partie supérieure de ce contrefort, depuis la naissance jusqu'à la moulure des corniches rampantes ou triangulaires, de 1 pi. 3 p. sur 2 pi. 6 p. et 4 pi. 2 p. d'épaisseur. . . .	3	7
Le couronnement ou fronton, de 1 pi. 4 p. de large sur 2 pi. 6 p. et 1 pi. 3 p. 6 l. de hauteur.	5	3
Le clocheton, mesuré dans toute sa hauteur vu sa petite dimension (les évidemens étant très peu importans ne sont point déduits ; ni la liaison, qui sera comprise avec le parement entier de la face), 5 pi. de haut sur 11 p. de large et 6 p. de saillie.	2	4
Les voussoirs développés, de 5 pi. sur 10 p. de largeur et 2 pi. d'épaisseur.	8	4
La partie triangulaire au-dessus, formant le reste du pignon y compris la corniche, de 5 pi. réduits, 2 pi. 2 p. réduits, et 1 pi. 10 p. de hauteur totale du sommet à la base, ou 11 p., réduits, donne en cube. . . .	9	11
La moitié de la croix évaluée 6 p. cubes.	0	6

Cube total de la moitié de la porte. . .	66 pi. 11 p.		66 pi.	11

Taille de pierre. Le soubassement sans la base, y compris l'embrasure développée, ensemble 5 pi. 3 p. de pourtour et 2 pi. 3 p. de hauteur, produit en surface. . . . . 11 pi. 9 p.

La base du contrefort formant pilastre, de 2 pi. 6 p. après développement, évaluée à 4 pi. de profil, mais comptée à fois 1/2 de taille. 15 0

Le parement du contrefort, jusqu'à la corniche des couronnemens, 2 pi. de pourtour, et 6 pi. 9 p. de hauteur. 13 6

Les moulures de la face développées d'ensemble, 16 pi. compris la plus-value des parties circulaires, évaluée 2 pi. de profil, mais comptées à fois 1/2 de taille. 48 0

Le couronnement ou fronton développé, de 2 pi. 8 p. sur 1 pi. 4 p. compté au double, à cause des évidemens. 3 7

Les corniches rampantes, de 5 pi. 4 p. de longueur, évaluées 2 pi. de profil, compté à fois 1/2 de taille. 16 0

Le refouillement du petit trèfle dans le tympan, évalué 4 0

Le socle du clocheton jusqu'à sa base, 1 pi. 11 p., compris développement, sur 9 p. de hauteur. 1 5

La moulure développée de la base, de 1 pi. 11 p., 2 pi. de profil, compris les chanfreins, à fois 1/2 de taille. 5 9

La partie au-dessus, jusqu'à la corniche des frontons, 1 pi. 6 p., réduit, sur 1 pi. 4 p. de développement. 2 0

Les moulures en renfoncement de la face, développées, de 4 p., compris la plus-value du circulaire évaluée 2 pi. de profil, à fois 1/2 de taille. . . 12 0

Les petits frontons, de 1 pi. 11 p. de pourtour et de 1 pi. 1 p. de haut, au double compris les évidemens qui n'ont point été toisés. 2 0

Les corniches développées, 4 pi., évaluées à 2 pi. de profil, à fois 1/2 de taille, produit en surface. 12 0

Le refouillement du petit cercle dans le tympan, évalué. 3 0

La partie pyramidale des clochetons au-dessus, de 1 pi. développé, sur 1 pi. 6 p. de haut, double de taille, compris les évidemens qui n'ont pas été toisés. 1 6

La taille préparatoire pour la sculpture des dix choux, évaluée à 4 pi. pour chaque, produit. 40 0

La taille préparatoire pour la sculpture du couronnement, y compris l'astragale, estimée. 9 0

L'embrasure des deux chambranles de la porte, jusqu'à la naissance de l'ogive, de 6 pi. 9 p., évaluée sur 9 pi. de développement, compté à fois 1/2 de taille. 91 2

L'ogive, depuis sa naissance jusqu'à la clef, de 7 pi. 6 p., compris la plus-value du cintre, 9 pi. de profil et comptée à fois 1/2 de taille. . . . 101 3

La corniche, de 5 pi. 6 p. de longueur, évaluée à 6 pi. de profil, à fois 1/2 de taille. 49 6

La taille en refouillement de la moitié du trèfle des deux panneaux triangulaires curvilignes ornés d'une moulure, évaluée 18 pi. 18 0

L'épannelage et la taille préparatoire des cinq choux sur le rampant de la corniche, évalués chacun à 4 pi. de taille. 20 0

La taille de la moitié de la croix, évaluée. 36 0

Total de la taille de pierre. . . . . 516 pi. 5 p.

Ces 516 pieds 5 pouces produisent une surface de 14 toises 12 pieds 5 pouces. . . . 14 t. 12 pi. 5

L'autre contrefort, l'autre dosseret de porte jusqu'à la naissance de l'ogive et l'autre moitié des voussoirs et de la corniche, ainsi que du fronton entièrement semblables, produisent : pour cube de pierre. 65 8

Pour taille de pierre. . . . , ... 14 t. 12 5

Le perron, composé de deux marches en pierre dure, estimé en argent, compris taille en général et taille des moulures. . . . . 54 fr. 90

Détail de l'une des deux parties du soubassement à droite et à gauche des contreforts.

La pierre de taille, de 3 pi. 3 p. de large sur 3 pi. 8 p de haut et 15 pouces d'épaisseur jusqu'à la base, produit en cube. . . . . 14 pi. 10

La taille du soubassement jusqu'à la base, de 3 pi. 3 p. sur 2 pi. 3 p., produit . . . 7 pi. 4 p.

La taille de la moulure de la base, de 3 pi. 3 p., évaluée 4 pi. de profil, à fois 1/2 de taille. 19 6

Total de la surface de taille de pierre. . . . 26 pi. 10 p.   26 pi. 10

Le reste de l'épaisseur du mur, en moellon hourdé en mortier, de 3 pi. 3 p. sur 3 pi. 8 p. et 9 p. d'épaisseur, produit en cube. 8 11

L'autre partie du soubassement, entièrement semblable, produit : pour pierre de taille. 14 10

Pour taille de pierre. 26   10

Pour moellon en élévation. 8   11

Mur de face. Savoir : La pierre de taille entre les deux contreforts et depuis la base jusqu'à la naissance du pignon, de 15 pi. de large sur 16 pi. de haut, produit. 240 pi. 0 p.

La partie du pignon, de 15 pi. de large sur 5 pi. 9 p. de hauteur, produit. 86   3

Surface. . . . 326 pi. 3 p.

A déduire : Les parties de la porte, ses contreforts, etc.; savoir : 1° une partie de 7 pi. sur 8 pi., 56 pi.; 2° une partie triangulaire de 5 pi. sur 1 p. 9 p. réduit, 8 pi. 9 p.; 3° la rosace de 6 pi. 3 p. de diamètre, 30 pi. 7 p. Produit 95 pi. 4 p., lesquels, déduits de 326 pi. 3 p. laissent en surface. . . . . 230 pi. 11 p.

Par un pied d'épaisseur de pierre de taille, produit en cube. . . . . 230 pi. 11

La taille dudit mur, de même surface, après déduction, produit. . . 230 pi. 11 p.

La taille du trèfle dans le pignon au-dessus de la rosace, évaluée. . . . 36   0

Total des surfaces. . . . . 266 pi. 11 p.

Ces 266 pi. 11 p. de surface produisent 7 toises, 14 pi. 11 p. . . . . 7 t. 14 pi. 11

Le moellon hourdé ayant la même surface que la pierre, après déduction, sur 9 p. d'épaisseur, produit en cube. 173   2

Les enduits intérieurs, de même surface, au quart de léger, produisent. . . . . . 1 t. 21   9

Croisée circulaire ou rose. La pierre de taille des 24 voussoirs développés, de 19 pi. 6 p. de circonférence, sur 8 p. 6 lignes de largeur et 2 pi. d'épaisseur produit en cube. . . 27   7

La taille développée, compris l'embrasure, les 2 chambranles et la plus-value du cintre, de 29 pi. 3 p., évaluée à 16 pi. de profil, à fois 1/2 de taille. . . . . . . 19 t. 18   0

Corniche et couronnement des pignons. La pierre de taille du couronnement, de 5 pi. 9 p. sur 2 pi. 9 p. et 2 pi. 4 p. de largeur, produit en cube. . . . . 36 pi. 11 p.

Deux parties de corniche, chacune de 12 pi. 6 p. de longueur sur 1 p. 9 p. de hauteur et 18 p. d'épaisseur. 65   7

Total des cubes de pierre de taille. . . . 102 pi. 6 p.   102 pi. 6

La taille préparatoire pour la sculpture, et la taille définitive des parois non sculptées, évaluées, compris évidement. . . . . 72 pi. 0 p.

La taille des deux corniches, chacune de 12 pi. 6 p. évaluée à 9 pi. de profil, compris la taille circulaire du dessus, à fois 1/2 de taille produit. . 337   6

L'épannelage et taille préparatoire pour la sculpture des 12 choux, évalués pour chacun à 4 pi. de taille. 48   0

Total. . . . 457 pi. 6 p.

Ces 457 pieds 6 pouces de surface de taille produisent 12 toises 25 pieds 6 pouces. . . 12 t. 25 pi. 6

Façade postérieure. Les deux contreforts, semblables à ceux de la face principale, comptés ensemble, savoir : Pour cube de pierre de taille 237   00

Pour évidement et déchet. 23   10

Surface de taille de pierre. . . . . 41 t. 8   00

Le soubassement en moellon piqué, entre les deux contreforts, jusque sous la base, de 14 pi. de longueur sur 2 pi. 6 p. de hauteur et 2 pi. d'épaisseur, produit en cube. . . . . 70 pi. 0 p.

La partie derrière la base, de 14 pi. sur 1 pi. 2 p. et 9 p. d'épaisseur . 12   4

Total du cube de moellon en élévation. . . . . 82 pi. 4 p.   82 pi. 4

La base en pierre de taille, de 14 pi. de long sur 1 pi. 2 p. et 1 pi. 3 p. produit en cube. 20   7

La taille de la moulure de la base, de 14 pi. de long, évaluée à 4 pi. de profil et comptée à fois 1/2, donne 84 pi. ou 2 toises 12 pi. de surface. . . . . 2 t. 12   0

La partie de mur lisse au-dessus de la base, y compris le pignon, en moellon piqué au parement extérieur, enduit au parement intérieur, de même surface que la face principale, ci. . . . . 326 pi. 8 p.

Déduire (1) seulement la croisée circulaire produisant. 30   7

En surface . . . 296 pi. 1 p.

(1) Nous n'avons rien compté en plus-value pour la niche. Le vide compensant le travail, d'autant que les moulures sont comptées dans la menuiserie.

Par 1 p. 9 p. d'épaisseur produit en cube. . . . . 518 pi. 1
L'enduit intérieur de 296 pi. 1 p. de surface, au quart de léger, ou 2 toises 27 pi.
de surface . . . . 2 t. 25 0
La croisée circulaire semblable à celle détaillée sur la face principale, savoir : pour
pierre de taille. 27 7
Pour taille de pierre. . . . . 19 t. 18 0
Le couronnement en forme de croix et la corniche comme à la face principale, savoir :
pour pierre de taille. 102 6
Pour taille de pierre. . . . . 457 pi. 6 p.
La plus-value du trèfle en taille. 15

Total. . . . 472 pi. 6 p. 13 t. 4 6

Détail d'une des deux élévations latérales. Les contreforts ayant été comptés dans les autres
faces, ne doivent pas l'être ici.
Le soubassement, sous la moulure de la base, dont le parement extérieur est en moellon
piqué, de 24 pi. de longueur, sur 2 pi. 6 p. de hauteur et 2 pi. d'épaisseur, produit en cube. 120 pi. 00 p.
La partie derrière la base de 24 pi. sur 14 p. et 9 p. d'épaisseur. . 21 0

Total des pieds cubes. . . . 141 pi. 0 p. 141 0
La base en pierre de taille, de 24 pi. sur 14 p. et 15 p. d'épaisseur, produit en cubes. . 35 0
La taille de 24 pi. de long., évaluée sur 4 pi. de profil, à fois et demi de taille de pierre,
produit en surface. . . . . 144 pi. 00 p. 4 toises.
Le mur au-dessus, jusqu'au-dessous de la corniche, en moellon, dont le
parement extérieur est piqué du dessus de la base jusque sous l'architrave ;
de 24 pi. sur 12 pi. 10 p. de hauteur, produit en surface. 308 00
Déduire la baie de la croisée, de 8 pi. 6 p., réduit sur 4 p. . . . 34 00

Reste en surface. . . 274 pi. 00 p.
Par 1 pi. 9 p. d'épaisseur, produit en cube. 479 6
L'enduit en plâtre, de même surface, au 1/4 de léger. . . . . . 68 pi. 6 p. 1 t. 32 6
L'architrave en pierre de taille, de 25 pi. sur 5 p. de hauteur et 12 p.
d'épaisseur, produit en cube. 10 5 10 5
La taille, de 25 pi., évaluée 3 pi. de profil, à fois 1/2 de taille de pierre,
produit en surface. . . . . 112 6 3 t. 4 6
La plus-épaisseur du mur derrière cette architrave, en moellon, de 25 pi.
de long sur 1 pi. de large et 1 pied de haut, produit en cube. . . 25 0
La frise en moellon, de 25 pi. de long. sur 0 pi. 6 p. de haut et 21 p.
d'épaisseur, produit en cube. 21 10 46 10
La corniche en pierre de taille, de 25 pi. de long sur 10 pouces de hauteur, et 15 pouces
d'épaisseur. 26 0
La plus-épaisseur du mur en moellon derrière cette corniche de 25 pi. de long sur
1 pi. d'épaisseur et 10 p. de haut. . . . . 20 pi. 10 p. 20 10
L'appui de la croisée, en pierre, de 4 pi. sur 10 p. de hauteur et 2 pi. 3 p.
d'épaisseur. 7 6
Les dosserets formant chambranle, y compris la voussure, de 18 pi. avec
le développement, sur 1 pi. et 1 pi. 11 p. 34 6

Total des pieds cube. . . 42 pi. 00 p. 42 0

La taille du double appui, de 4 pi., évaluée à 8 pi. de profil, comptée à fois
1/2, produit en superficie. 48
La taille des dosserets et de la voussure, avec double chambranle, de
22 pi. de pourtour, compris la plus-value du circulaire, évaluée à 9 pi. de
profil, compris l'embrasure, à fois 1/2 de taille de pierre, produit en superficie. 297

Total des surfaces. . . . 345 pi. 0 ou 9 t. 21 pi. 0
L'autre élévation latérale, entièrement semblable, savoir : pour cubes de pierre de taille. 113 5
Pour superficiel de taille de pierre. 16 25 6
Pour cube de moellons en élévation. 688 2
Pour légers ouvrages en plâtre. 1 32 6

Intérieur. La corniche, l'architrave et la frise, ensemble 96 pi., compris ressauts des
pilastres, estimés 9 pi. de profil, aux 2/3 de léger, produit. . . . . . . 576 pi.

A reporter. . . . 576 pi.

6

Report. . . . 576 pi.

La voûte faite sur lattis neuf, de 22 pi. de pourtour, sur 24 pi. de longueur
à l'entier et 1/12 de léger. 572

Quatre nervures de cette voûte, développées chacune de 22 pi. de pourtour
sur 5 pi. de profil, aux 2/3 de léger 293 4

Dix autres nervures, en saillie sur les murs, de ch. 11 pi. 6 p., ensemble
115 p. sur 5 pi. de profil, aux 2/3 de léger, produit. 383 4

Total. . . . 1824 pi. 8 p. 50 t. 24 pi. 8

RÉSUMÉ DE LA MAÇONNERIE.

OUVRAGES DIVERS AU PIED CUBE.

ARTICLE I.

1,376 pi 0 p. cubes de pierre de taille en œuvre, compris taille des lits et joints,
évidemens et déchets; employés en assises ordinaires de murs,
piliers engagés, voussoirs, etc., à. . . . . . . 1 fr. 50 c. 2,064 fr. 00 c.

ARTICLE II.

445 6 cubes de moellon hourdé en mortier, employés en
fondations de murs et massifs, à. 0 30 133 65

ARTICLE III.

2,167 9 cubes de moellon hourdé en mortier ou plâtre,
employés en murs ou élévations, à 1 parement en
mortier piqué et rejointoyé, à 0 45 975 48

ARTICLE IV.

47 8 cubes d'évidemens et déchets en pierre de taille, à. 1 60 76 25

OUVRAGES DIVERS A LA TOISE SUPERFICIELLE.

ARTICLE V.

249 t. 33 6 Superficiel de taille de pierre tendre à. . . . 7 00 1,539 50

ARTICLE VI.

58 30 5 Superficiel de légers ouvrages en plâtre, à. . . 12 00 706 12

ARTICLE VII.

Argent pour la valeur du perron. 54 90

Total. . . . . 5,549 fr. 90 c.

ARTICLE TROISIÈME. — CHARPENTE.

Le comble composé de deux fermes : quatre arbalétriers, chacun de 15 pieds 6 pouces,
ensemble. . . . . 62 pi.

Les deux entraits, chacun 6 pi. 6 p., ensemble. 13

Les deux poinçons, de chacun 6 pi., ensemble. 12

Total des longueurs. . . . 87 pi. Pièces pieds pouces.

Sur 7 pouces et 7 pouces, produit en cubes (1) 9 5 3

Les quatre contrefiches liant le poinçon avec les arbalétriers, de chacune
2 pi. 6 p, ensemble. . . . . 10 pi.

Les quatre esseliers, de chacune 4 pi. 6 p., ensemble. . . . 18

Total des longueurs. . . 28 pi.

A reporter. . . . 9 5 3

(1) Comme nous l'avons déjà dit, le toisé est fait au pied métrique, dont 27 égalent un stère; et la pièce étant 3 pieds cubes, forme la neuvième partie du stère.

	Pièces	pieds	pouces.
Report. . .	9	5	3
Sur 4 p. et 4 p. produit en cube.	1	0	3
Le faîtage, de 25 pi. 6 p. de long sur 9 p. et 9 p.	3	4	3
Les quatre liens sous le faîtage, de chacun 2 pi. 9 p. ensemble, 11 pi. sur 4 p. et 4 p.	0	2	5
Les deux cours de pannes, de chacun 25 pi. 6 p., ensemble 51 pi. sur 7 p. et 7 p. de grosseur.	5	4	8
Les deux cours de plateforme, de chacun 25 pi. 6 p. de longueur, ensemble 51 pi. sur 1 pi. 4 p.	5	4	10
Les trente-deux chevrons pour les deux côtés, de chacun 16 pi., ensemble 512 pi. sur 3 p. et 3 p. de grosseur.	10	4	0
Total général des pièces cube. . . .	37	0	10

A 8 francs la pièce, fait 297 fr. 15 c. . . . . 297 fr. 15

Les seize petites fermes en planches de sapin assemblées à la Philibert Delorme, pour former voûte en ogive, de chacune 22 pi. de pourtour, ensemble 352 pi. de développement et 3 p. d'épaisseur sur 4 p. de largeur, produit en cube, 9 pièces 4 pieds 4 pouces, à 8 francs la pièce. . . 77 54

Total de la charpente.. . . . . . . 374 fr. 69   374 fr. 69 c.

ARTICLE QUATRIÈME. — COUVERTURE EN ZINC, No 13.

Le comble, couvert en zinc (1), a de longueur, compris le développement des recouvremens ou bourrelets, 33 pieds sur 34 pieds de pourtour, ensemble 31 toises, 6 pieds superficiels, à 24 fr. la toise, compris la volige, fait. . . . . 748 fr. 00 c.

Le faîtage à feston, estimé. 76 00

Total de la couverture. . . . . 824 fr. 00 c.   824 fr. 00 c.

ARTICLE CINQUIÈME. — MENUISERIE. (2)

La porte, à deux vantaux à grand cadre, de plus de 4 pouces d'épaisseur, et dont l'ornementation, et les assemblages très multipliés, à 4 pi. 6 p. de large sur 8 pi. 2 p. de hauteur; elle a coûté. . . . . 1,200 fr. 00 c.

Les croisées circulaires, ou roses des deux pignons, ont été exécutées en grande partie au tour, avec des bois de choix d'une forte épaisseur; les moulures en sont très saillantes. Leur diamètre est de 5 pi. 2 p.; chacune a coûté 425 fr.; deux. 850 00

Les deux croisées ogivales, dont les assemblages sont également compliqués, s'ouvrent à un seul vantail, à cause de leur petite dimension; elles ont 2 pieds 10 pouces de large sur 7 pieds 4 pouces de hauteur; elles ont coûté chacune 170 fr.; les deux. 340 00

Le lambris d'appui de l'intérieur de la chapelle, en bois de chêne poli, composé de panneaux à petit cadre ayant la forme d'arcades en ogives avec base et corniche assez riche de profil, a 64 pieds de pourtour sur 3 pieds 6 pouces de hauteur; il produit 6 toises 8 pieds superficiels, à 80 fr. la toise, fait. 497 77

Le parquet, en point de Hongrie ordinaire, en chêne, 15 lignes d'épaisseur, posé sur lambourdes ayant 24 pieds de long sur 14 pieds de large, produit 9 toises 12 pieds superficiels, à 35 fr., compris les lambourdes et leur scellement, fait (3). 326 60

La marche de l'autel n'est pas comptée; elle est compensée par le vide qui n'est pas déduit.

A reporter. . . . 3,214 fr. 37 c.

(1) Le zinc est posé sur de la volige en sapin ou autre, clouée à environ six lignes d'intervalle afin de faciliter le jeu des bois. Sur cette volige sont posés verticalement, de l'égout au faîtage, des tasseaux qui reçoivent les feuilles de zinc, unies en une seule au moyen de soudures dans le sens de la largeur; sur leur hauteur, elles forment deux rebords recouverts par une espèce de bourrelet qui est fixé par des vis recouvertes à leur tour par une plaque en zinc qui la garantit de l'humidité, par conséquent de la rouille.

(2) Ainsi que nous l'avons déjà dit, toutes les courbes des moulures formant des cercles ou des ogives, ont été exécutées au tour. A cet effet le menuisier a préparé le bois aux épaisseurs voulues pour les profils, et le tourneur a fait sans difficulté non-seulement tous les cercles, mais encore les refouillemens nécessaires au parfait rendu des profils et au diamètre déterminé; de sorte que le menuisier n'a plus eu à faire que des coupes et des assemblages à tenons et mortaises; il en est résulté une économie de temps considérable, un accord parfait des parties, et une précision d'exécution bien supérieure à celle qu'on aurait pu obtenir en poussant les moulures au rabot.

(3) Pour l'exécuter en bois de couleur tel qu'il est figuré sur notre planche n. 1, il faudrait compter 80 fr. la toise; en marbre, 128 fr. la toise.

Report. . . . . 3,214 fr. 37 c.

Le couronnement du dais de la niche au-dessus de l'autel, en bois de chêne, d'une grande richesse de moulures et de détails de toutes formes, a coûté 800 fr. compris les moulures des pans coupés et celles encadrant la niche 800 00

Total de la menuiserie. . . . . 4,014 fr. 37 c.   4,014 fr. 37 c.

ATICLE SIXIÈME. — SERRURERIE.

Ferrure de la porte. Deux pommelles en T portant équerre par le haut, de 2 lignes d'épaisseur et 6 lignes de large et 18 pouces de longueur, garnies de leurs gonds à repos et à scellement, compris la pose. . . . . 26 fr. 00 c.

Deux pivots à équerre en fer corroyé, avec congé, portant un boudin soudé sur l'arète, les branches de 3 pieds, développées, et 20 lignes sur 6 lignes, garnis de leurs crapaudines à goujon d'acier trempé. . . 34 00

Deux verroux renforcés, de 3 pieds de long et 18 pouces de large à coquille entaillée, posés en feuillures, compris les gâches. 10 70

Une serrure de sûreté à trois pènes, posée et entaillée dans l'épaisseur du bois, garnie de deux clefs forées à embase, gâche, bouton double, ciselé et verni au feu, et rosettes en cuivre. 22 60

Six pattes en T renforcées pour l'imposte. 6 00

Pour tenir l'écartement des deux portes par le haut, deux équerres en fer corroyé et calibré, à patte soudée et congé de chaque bout, de 7 lignes sur 4 lignes et 2 pieds 6 développés chacune, pour. . . . 9 00

Equerre semblable, mais de 5 pieds pour l'imposte. 7 00

Ferrure des croisées. Huit petits bois en fer demi-rond pour les deux croisées ogivales, de 6 lignes recouverts en cuivre, de chacun 12 pouces de long. 10 00

Quatre pommelles à gonds, une targette, ensemble 8 fr. chaque, pour les deux croisées. 16 00

Les gros fers estimés. 48 00

Total de la serrurerie. . . . . 189 fr. 30 c.   189 fr. 30 c.

ARTICLE SEPTIÈME. — MARBRERIE.

L'autel a été exécuté en marbre blanc veiné avec une croix grecque à centre incrustée en marbre noir; il n'y a de moulures qu'à la base du socle, et une corniche; le gradin est aussi en marbre blanc; l'ensemble a coûté(1). . . . . 385 fr. 00 c.

Un bénitier en marbre blanc, a coûté. . . . . 25 fr. 00 c.

Total général de la marbrerie. . . . 410 fr. 00 c.   410 f. 00 c.

ARTICLE HUITIÈME. — SCULPTURE.

FAÇADES PRINCIPALE ET POSTÉRIEURE.

Sculpture en pierre tendre. L'ornement formant croix latine, couronnant le fronton ou pignon principal, et les douze choux placés sur les rampans des corniches, estimés 280 francs, pour les deux façades. . . . . 560 fr. 00 c.

Les quatre fleurons en bois de la croisée circulaire de la façade principale, ensemble 12 francs; autant pour la seconde façade, ensemble. 24 00

Les dix choux pour la corniche rampante de la porte, et les vingt sur les clochetons, avec les deux ornemens qui les couronnent, estimés ensemble. 210 00

Les quatre-vingts choux répartis sur les corniches rampantes des quatre contreforts, les quatre-vingts choux des quatre clochetons, etc., les quatre couronnemens de clochetons, estimés ensemble 800 francs. 800 00

Les quatre fleurons en bois de chaque croisée ogivale, estimés ensemble 12 francs; pour les deux croisées 24 francs, ci. . . . 24 00

A reporter. . . . . 1,618 fr. 00 c.

(1) Si l'on voulait exécuter cet autel en bois, tels que nous l'avons dessiné dans nos élévations et coupes, il ne coûterait que 255 fr.; ainsi il y aurait économie de 130 fr., et surcroît de richesse et d'effet.

Report. . . . . 1,618 fr. 00 c.

Sculpture en bois du dais couronnant la niche de l'autel. L'encorbellement du socle de la statue, les culs-de lampe sous les deux pilastres, les six pendentifs, les quatre clochetons, la sculpture du clocheton pyramidal terminant le dais, sont estimés ensemble 250 francs (1), ci. 250 00

Total général de la sculpture. . . . 1,868 fr. 00 c. ci 1,868 fr. 00 c.

ARTICLE NEUVIEME. — PEINTURE.

La porte gothique, poncée au papier de verre, enduite de trois couches de vernis, ou mixtion préparée pour conserver le bois, fait en superficie 3 toises 20 pieds, à 4 fr. 40 c. la toise, ci. . . . . 15 fr. 65 c.

Huit pattes en fer à l'huile grasse, trois couches à 0 fr. 15 c. l'une   1   20

Quatorze ferrures en bois de chêne, à 0 fr. 15 c. l'une, fait. . .   2   10

La barre sous l'imposte en bois de chêne, de 1 m. 44 c., fait. . .   6   75

Les deux croisées circulaires ou roses, avec les deux croisées ogivales peintes en ton de pierre, à l'huile, trois couches poncées évalués 4 toises, à 4 fr. la toise superficielle, fait 16   00

Sur les croisées circulaires une couche, après la pose des verres au mastic à l'huile, estimée.   6   60

Une semblable couche sur les deux croisées ogivales, estimée. .   3   75

Total de la peinture. . . . 46 fr. 05 c. ci 46 fr. 45 c.

ARTICLE DIXIÈME. — VITRERIE EN VERRE DE COULEUR.

La vitrerie en verre de couleur, rouge, pourpre, jaune antique et bleu d'azur, a coûtée 28 fr. pour chacune des croisées ogivales; les deux. . . . 56 fr. 00 c.

La vitrerie en verre de couleur des deux rosaces ou croisées circulaires combinées ainsi : le cintre en rouge pourpre, les seize petits polygones du pourtour en jaune antique, les seize plus grands en verre moitié en bleu d'azur et moitié en jaune foncé, chacune a coûté 78 fr.; pour les deux. 156   00 c.

Total de la vitrerie. . . . . . 212 fr. 00 c. 212 fr. 00 c.

RÉCAPITULATION.

ARTICLE 1. TERRASSEMENT. . . . . . 20 fr. 16 c.

       2. MAÇONNERIE 5,549   90

       3. CHARPENTE. 374   69

       4. COUVERTURE. 824   00

       5. MENUISERIE. 4,014   37

       6. SERRURERIE. 189   30

       7. MARBRERIE. 410   00

       8. SCULPTURE. 1,868   00

       9. PEINTURE. 46   05

     10. VITRERIE. 212   00

TOTAL GÉNÉRAL (2). . . 13,508 fr. 47 c.

(1) S'il n'y avait pas de sculpteur dans le pays, ou si l'on voulait restreindre la dépense, on pourrait remplacer la sculpture par des ornemens en carton-pierre cloués sur la menuiserie; mais alors il faudrait que le dais fût peint.

(2) Sur cette somme de 13,508 fr. 47 c., on pourrait faire les économies suivantes : 2,000 fr. en remplaçant le lambris d'appui en menuiserie par une plinthe et une cimaise, et en diminuant la richesse des moulures des croisées et de la porte; 500 fr. en substituant l'ardoise au zinc ; 100 fr. sur les verres de couleur, et au moins 700 fr. en simplifiant un peu la sculpture ; ce qui permettrait de construire cette chapelle pour environ 10,208 fr. 47 c.

IMPRIMÉ CHEZ PAUL RENOUARD , RUE GARANCIÈRE , N. 5.

CHAPELLE DU CHÂTEAU DE NEUVILLE

Plan général

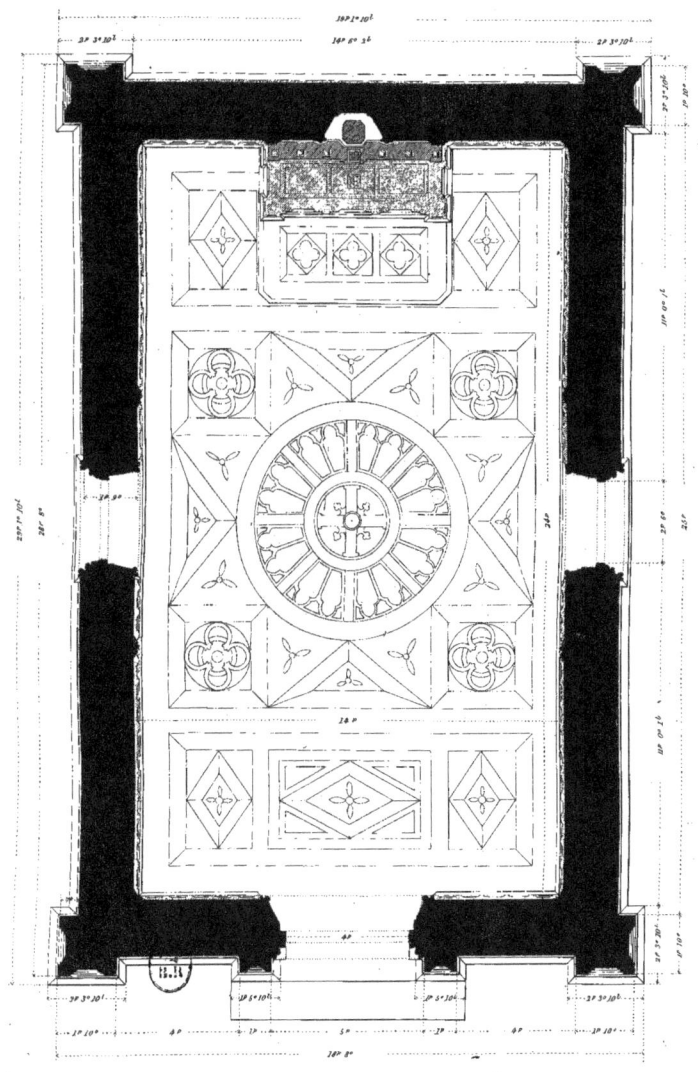

Pl. 2.

CHAPELLE DU CHATEAU DE NEUVILLE

Elévation principale

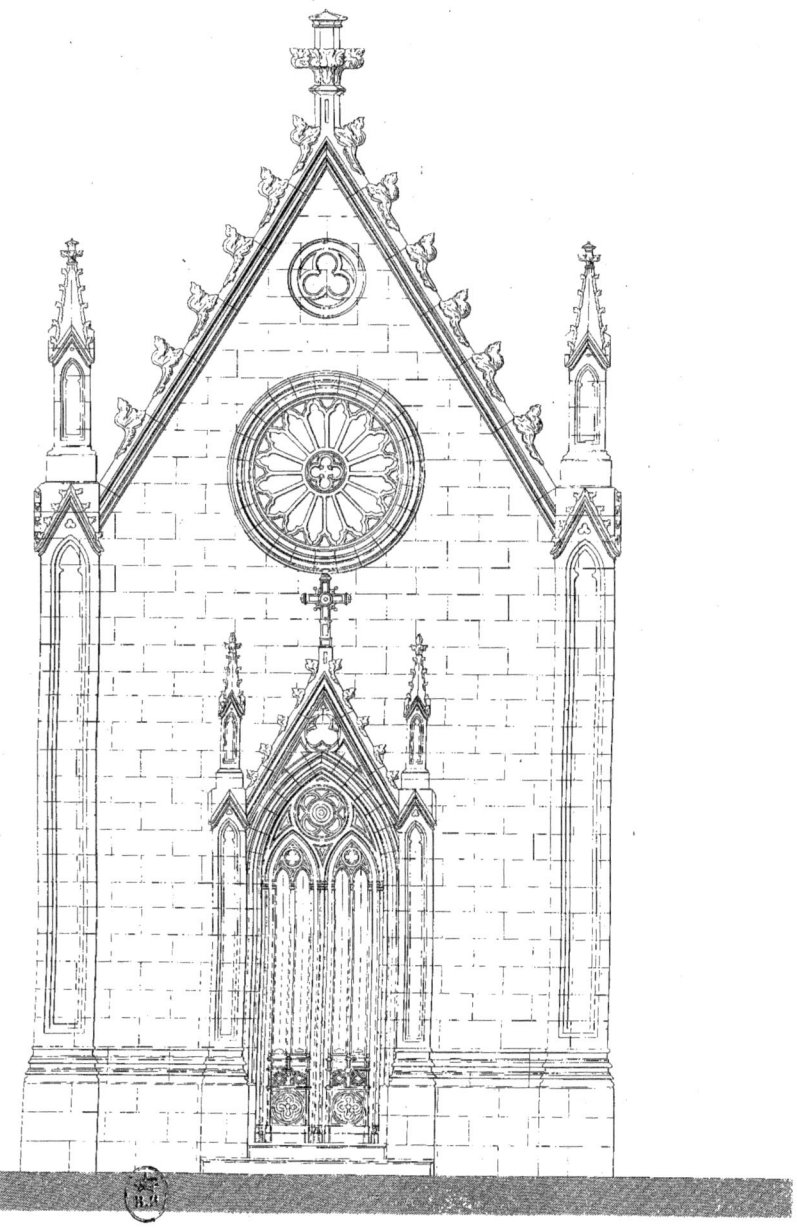

Pl. 3.

CHAPELLE DU CHÂTEAU DE NEUVILLE.

Elévation Latérale.

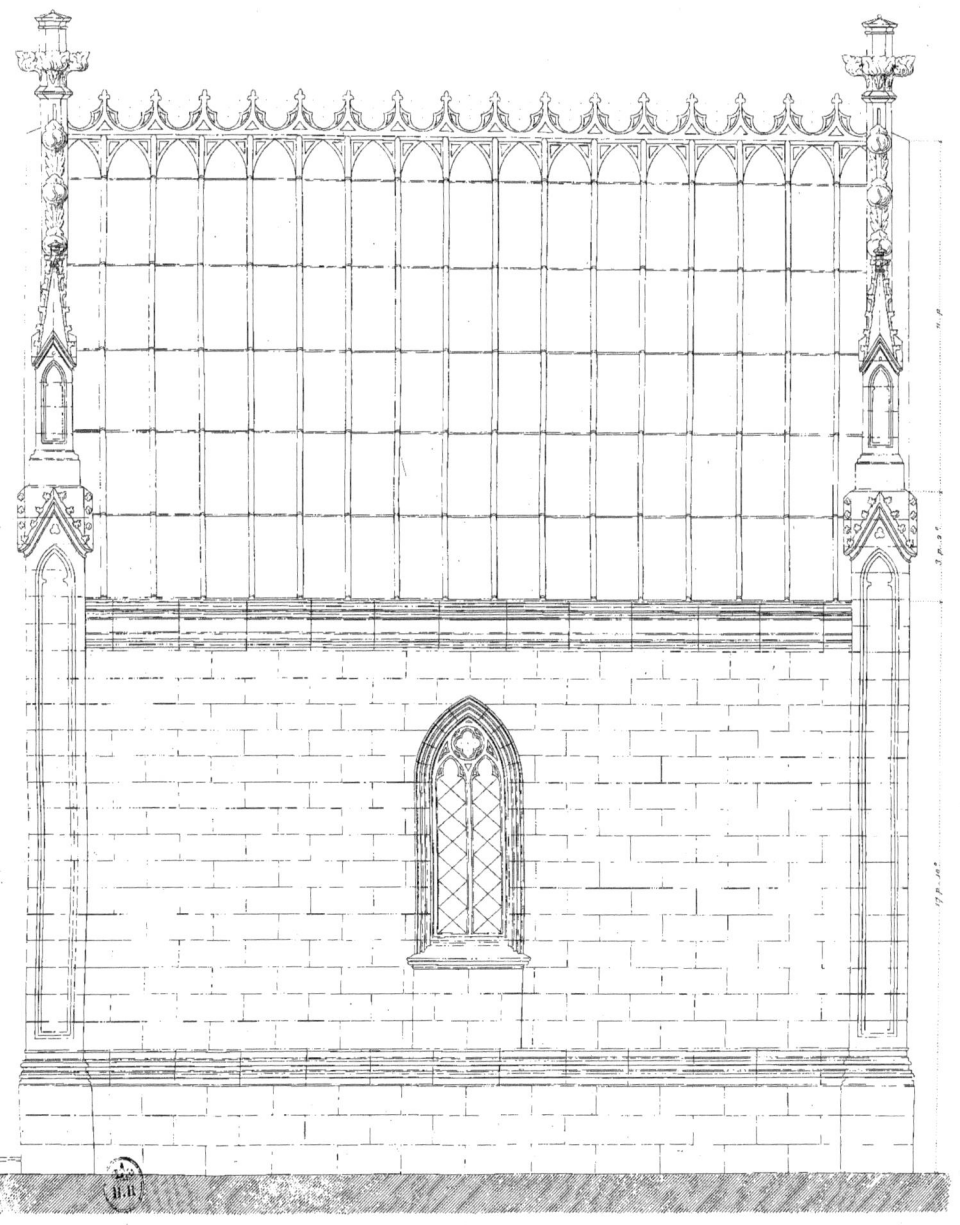

Echelle de 1 2 3 6 9 10 Pieds
4 Mètres

A. Normand, se.

Pl. 4.

CHAPELLE DU CHÂTEAU DE NEUVILLE.

Coupe sur la largeur.

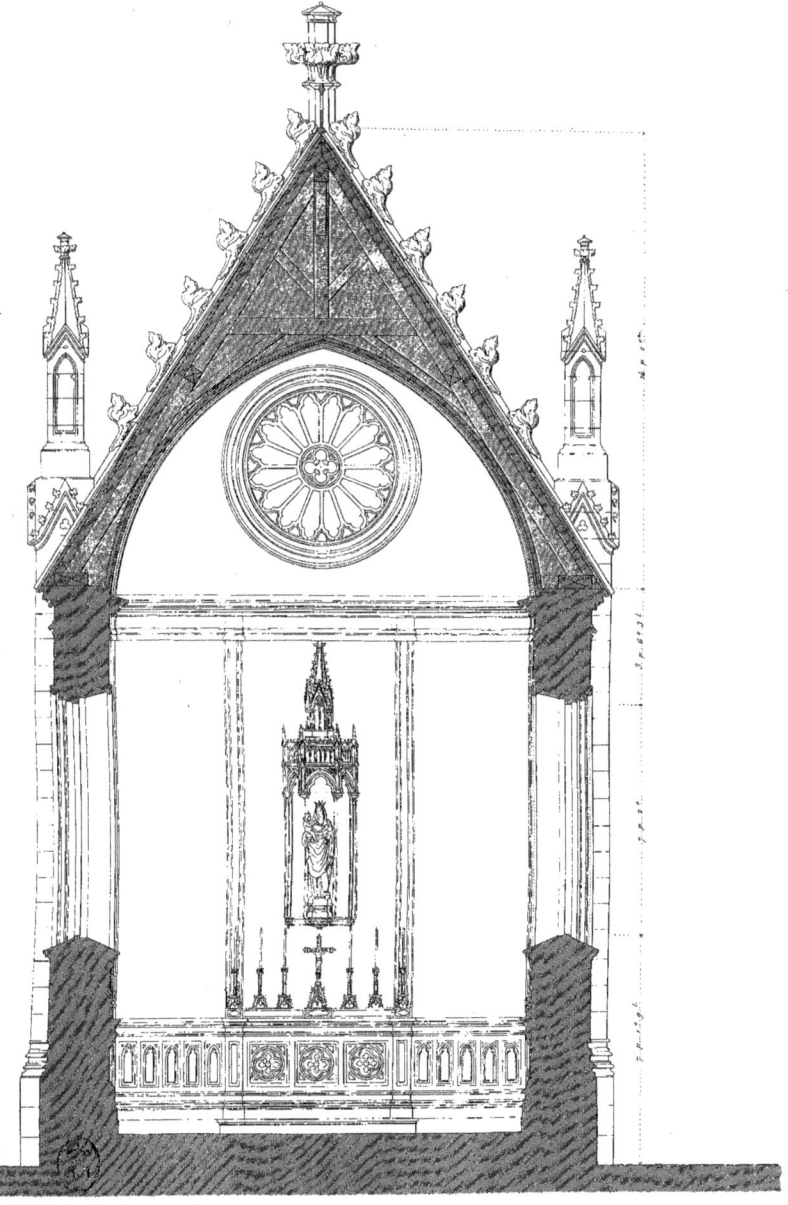

Échelle de ... Pieds

6 Mètres

Pl. 5.

CHAPELLE DU CHÂTEAU DE NEUVILLE.

Coupe sur la longueur.

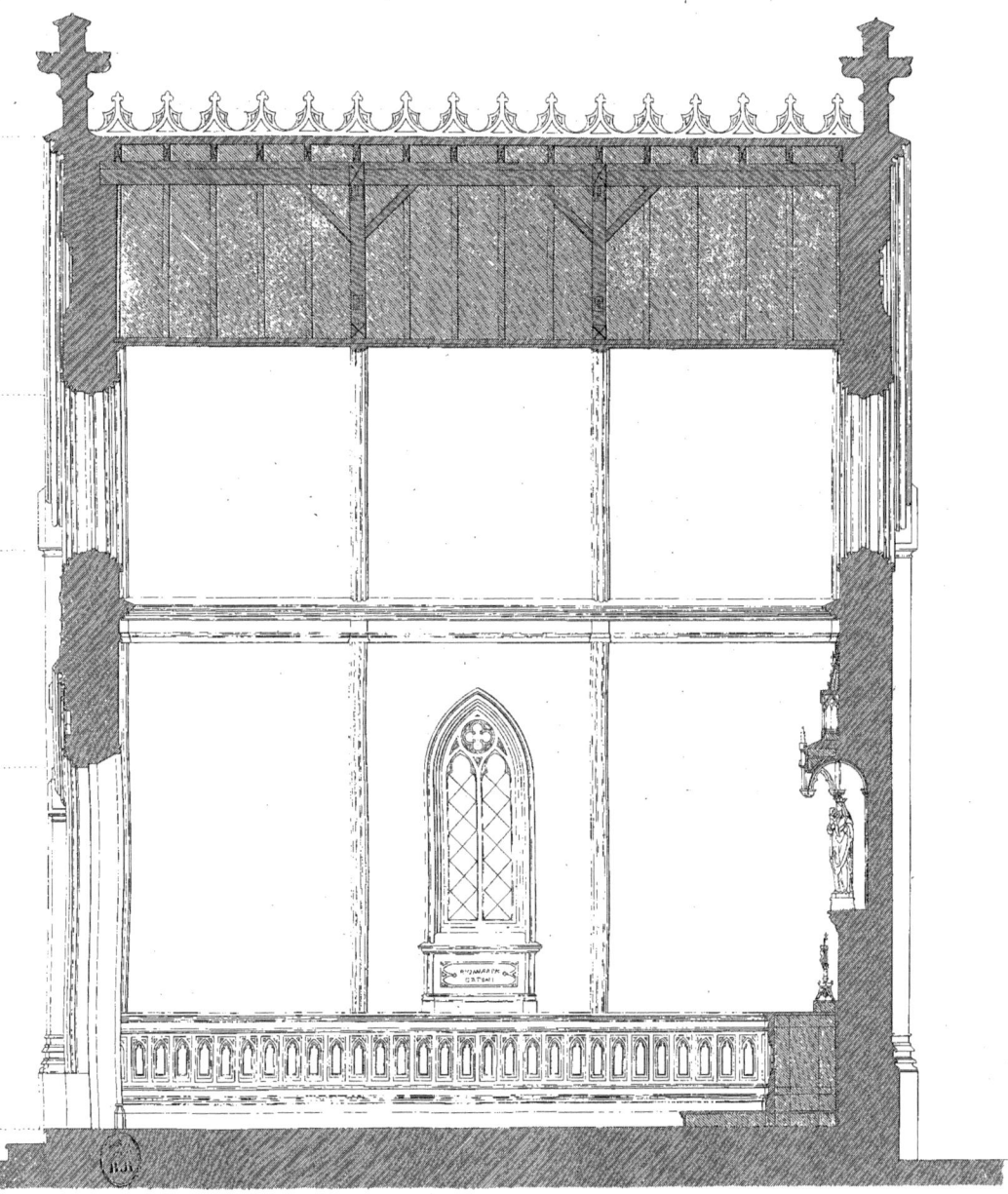

Échelle de 1 2 3 6 9 12 Pieds
4 Mètres

...onç Arch.^{te} inv. et del.   A. Normand, sc.

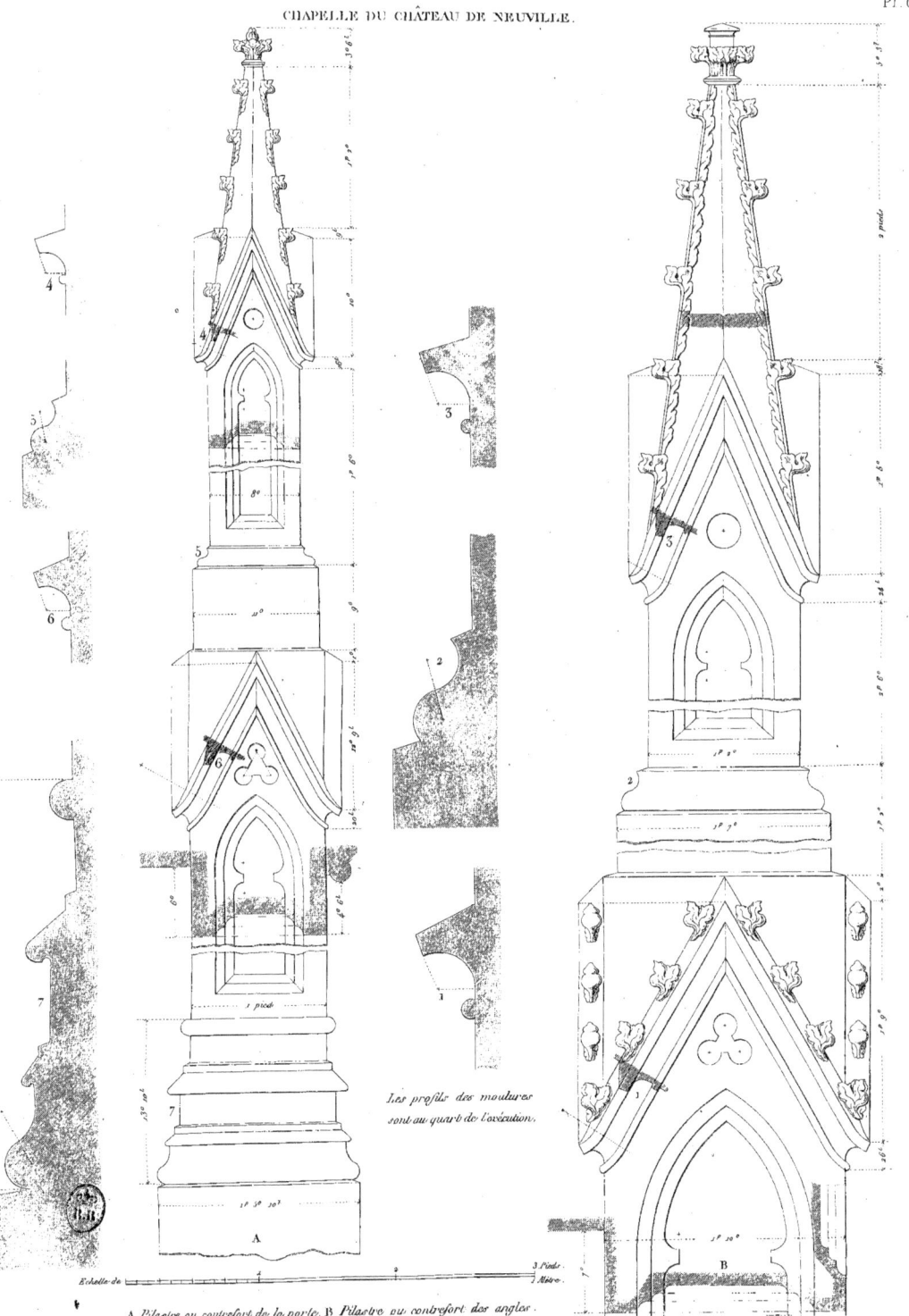

Pl. 6.

Les profils des moulures
sont au quart de l'exécution.

Echelle de

A Pilastre ou contrefort de la porte. B Pilastre ou contrefort des angles.

CHAPELLE DU CHÂTEAU DE NEUVILLE

Profils au quart de l'exécution.

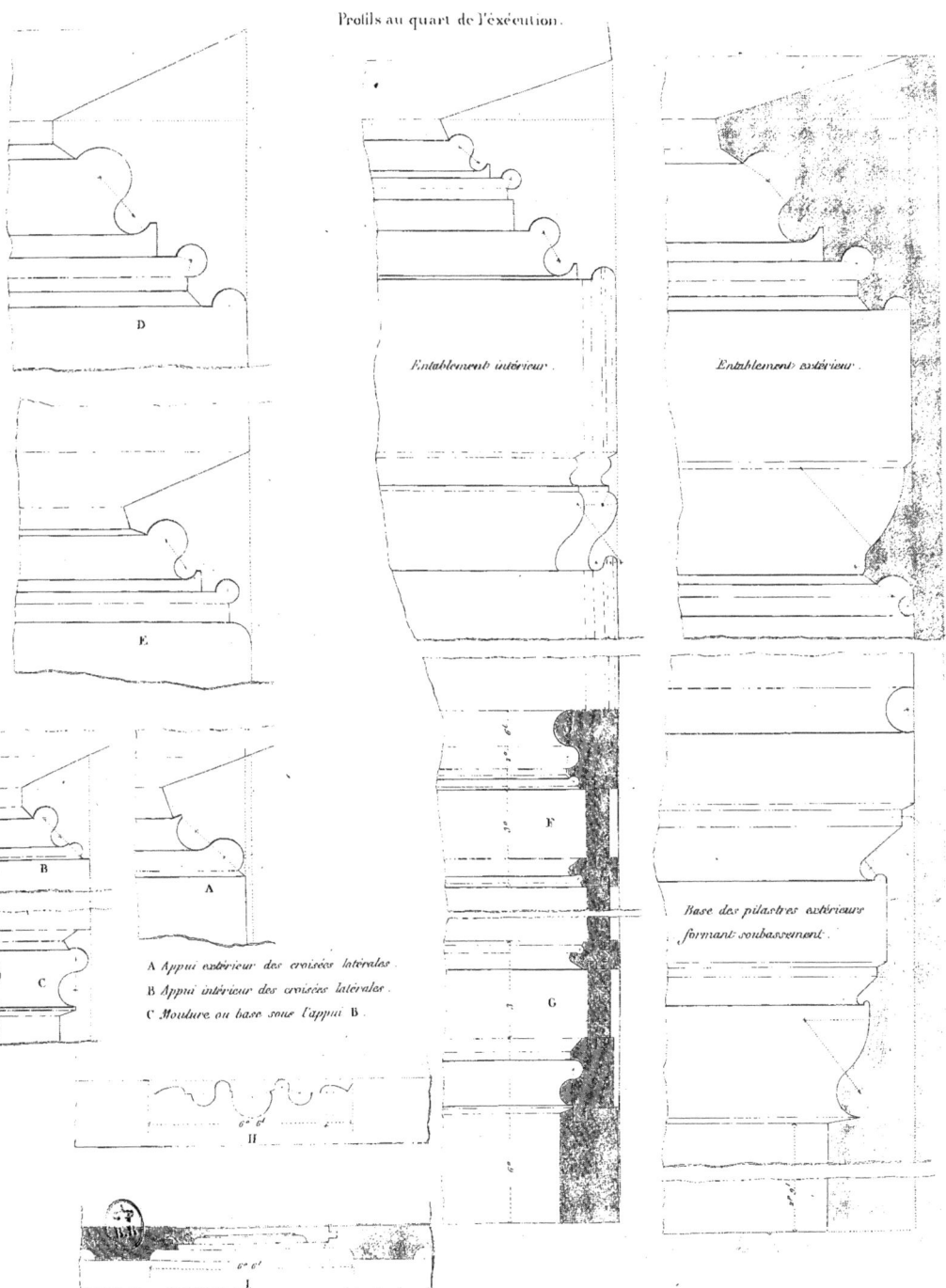

Entablement intérieur.

Entablement extérieur.

Base des pilastres extérieurs formant soubassement.

A *Appui extérieur des croisées latérales.*
B *Appui intérieur des croisées latérales.*
C *Moulure ou base sous l'appui B.*

D *Corniche du fronton couronnant l'élévation principale.* E *Corniche du fronton couronnant la porte.* F *Corniche du lambris d'appui en menuiserie.*
G *Base du lambris d'appui.* H *Pilastre et nervure intérieur.* I *Coupe horizontale d'un panneau en menuiserie du lambris d'appui.*

A. Normand.

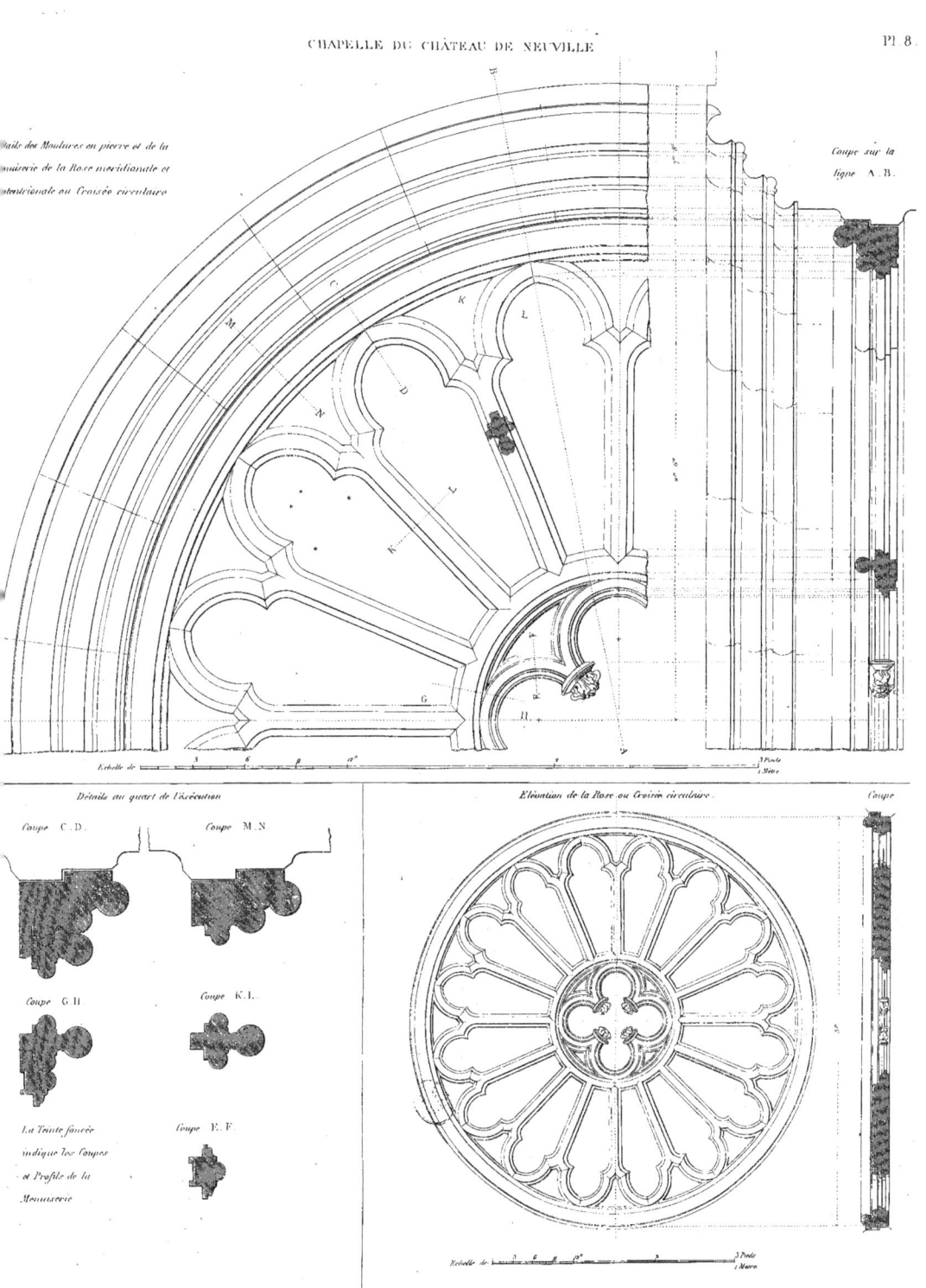

Détails des Moulures en pierre et de la
menuiserie de la Rose méridionale et
septentrionale ou Croisée circulaire

Coupe sur la
ligne A.B.

Échelle de

Détails au quart de l'Exécution

Coupe C.D.

Coupe M.N.

Coupe G.H.

Coupe K.L.

La Teinte foncée
indique les Coupes
et Profils de la
Menuiserie

Coupe E.F.

Élévation de la Rose ou Croisée circulaire.

Coupe

Échelle de

Architecte inv. et del.

A. Normand.

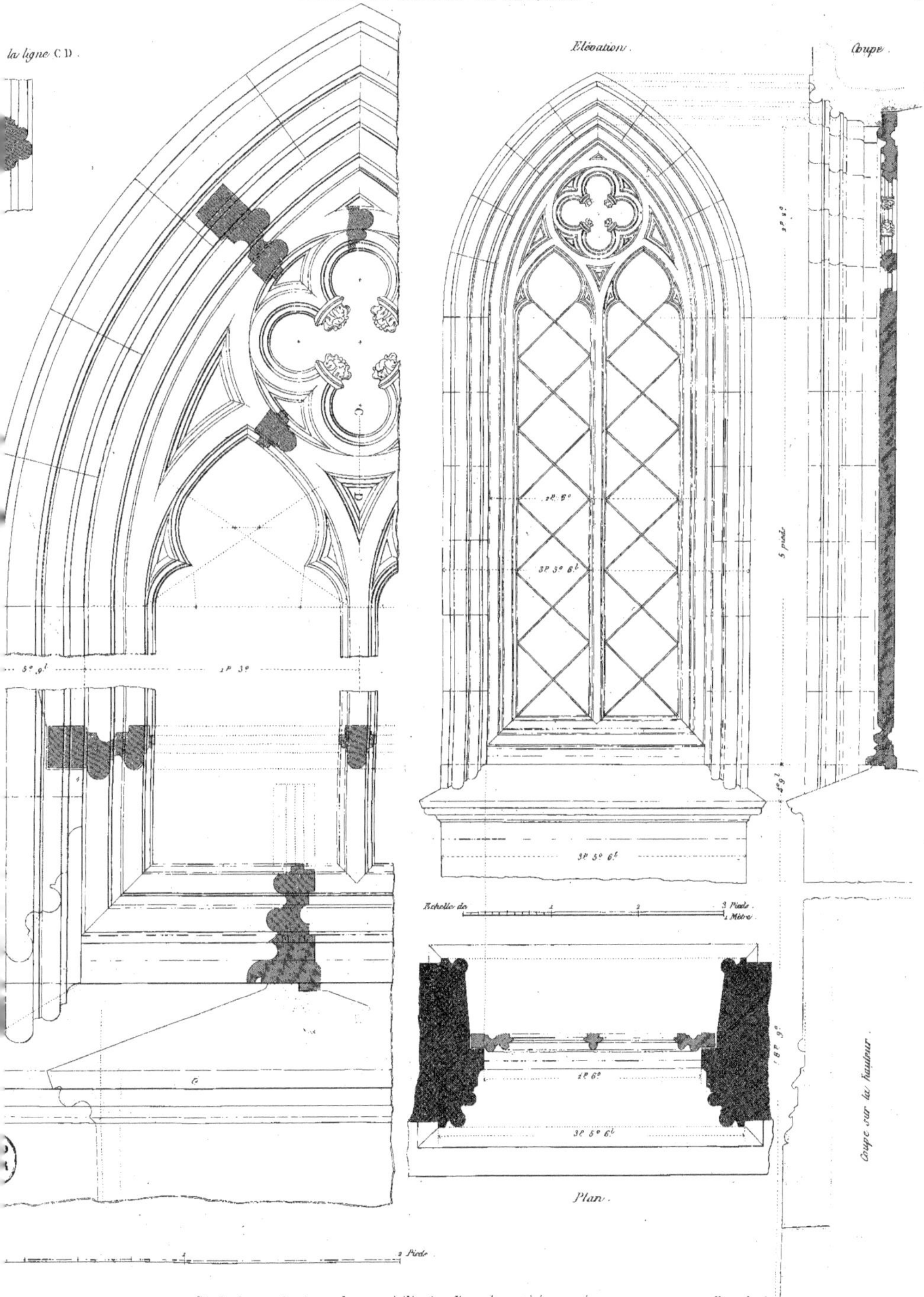

Pl. 9.

la ligne C.D.

Elévation.

Coupe.

Echelle de

Niveau du sol.

Plan.

Détaile de menuiserie ou plan coupé élévation d'une des croisées en ogive.

u. el.del.

A. Normand, sc.

Pl. 1

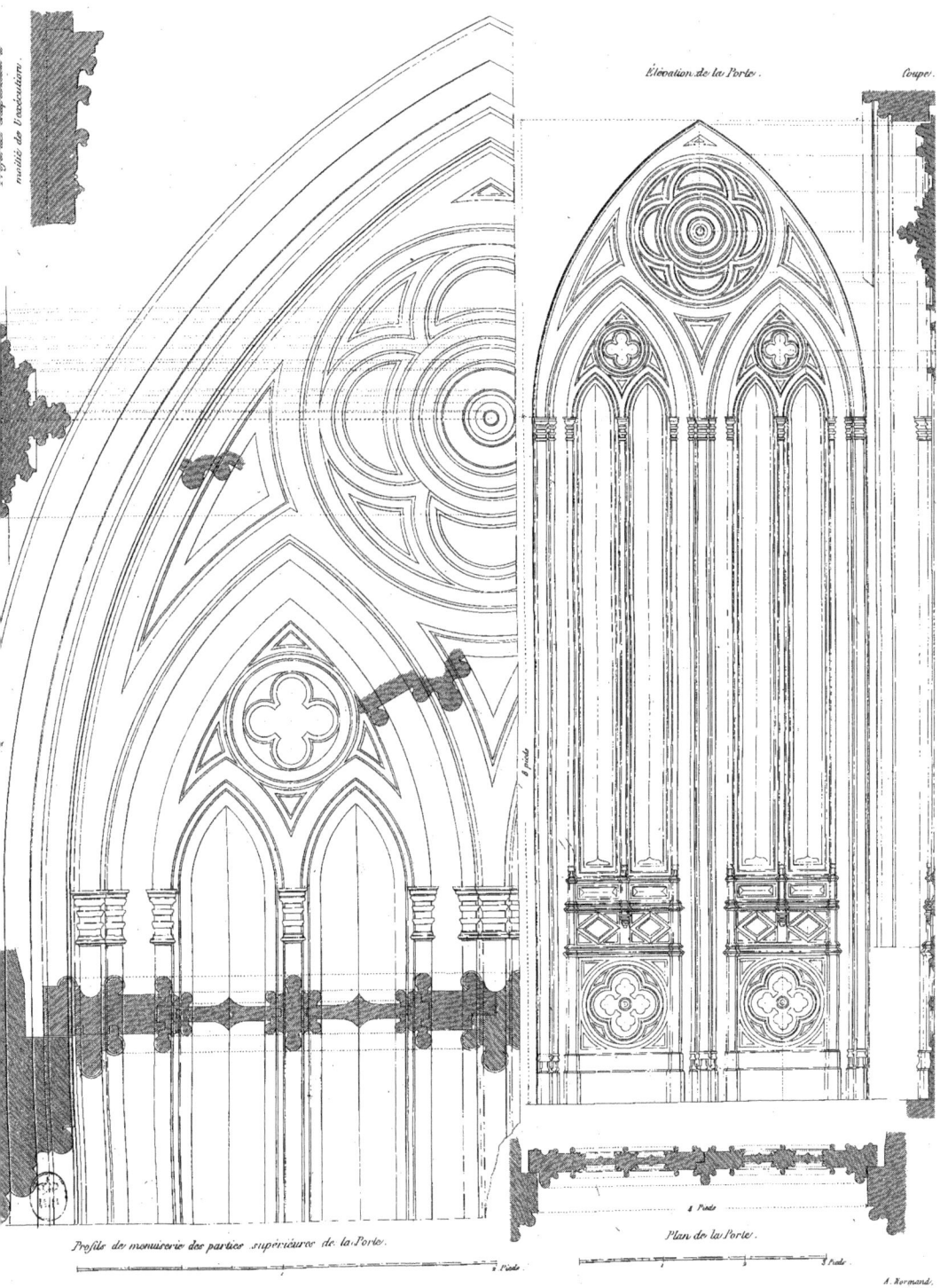

moitié de l'exécution.

Élévation de la Porte.

Coupe.

6 pieds

Profils de menuiserie des parties supérieures de la Porte.

Plan de la Porte.

2 Pieds

4 Pieds

8 Pieds

Arch.te inv. et del.

A. Normand.

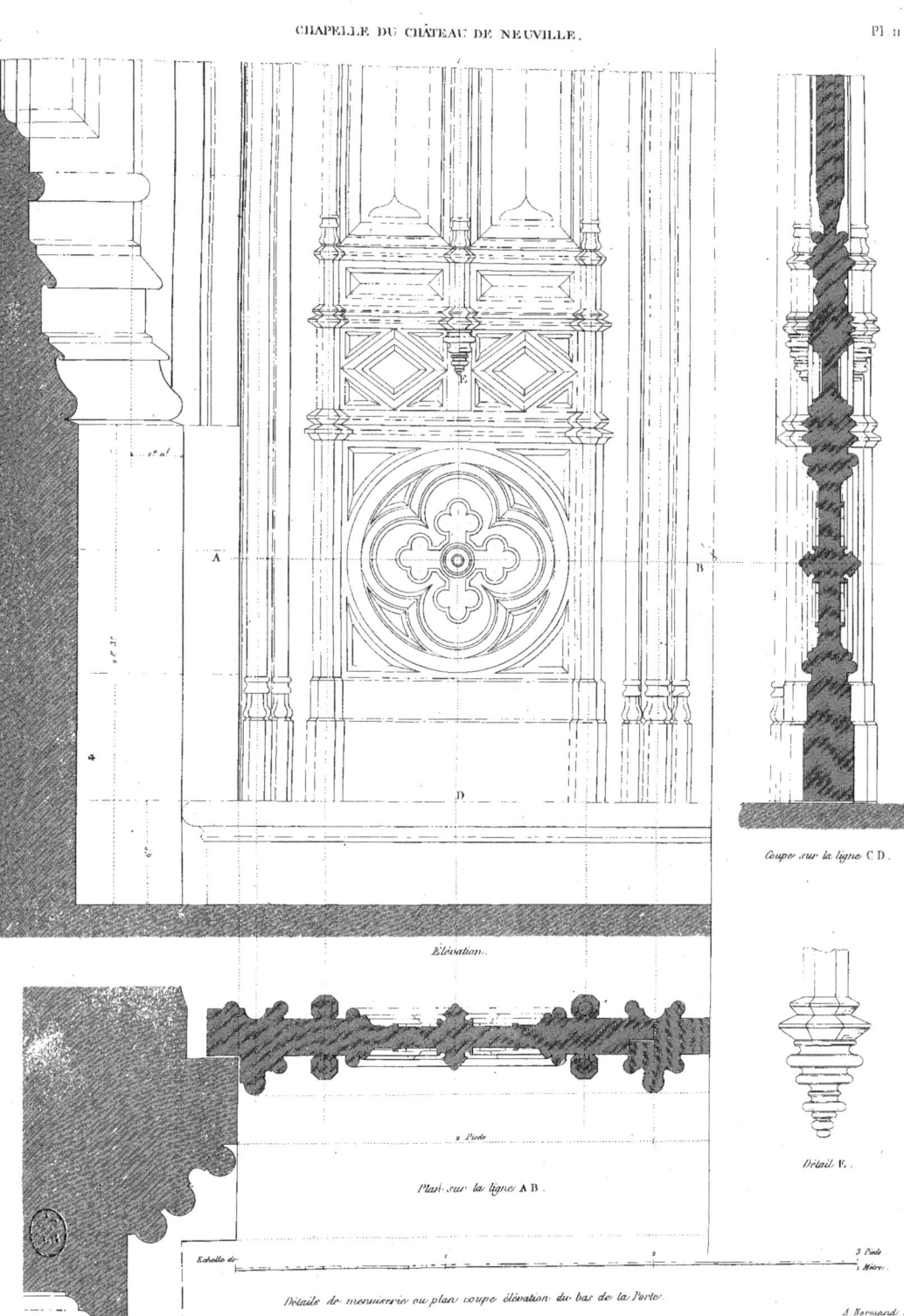

Coupe sur la ligne C D.

Élévation.

Plan sur la ligne A B.

Détail V.

Détails de menuiserie ou plan coupe élévation du bas de la Porte.

A. Normand.

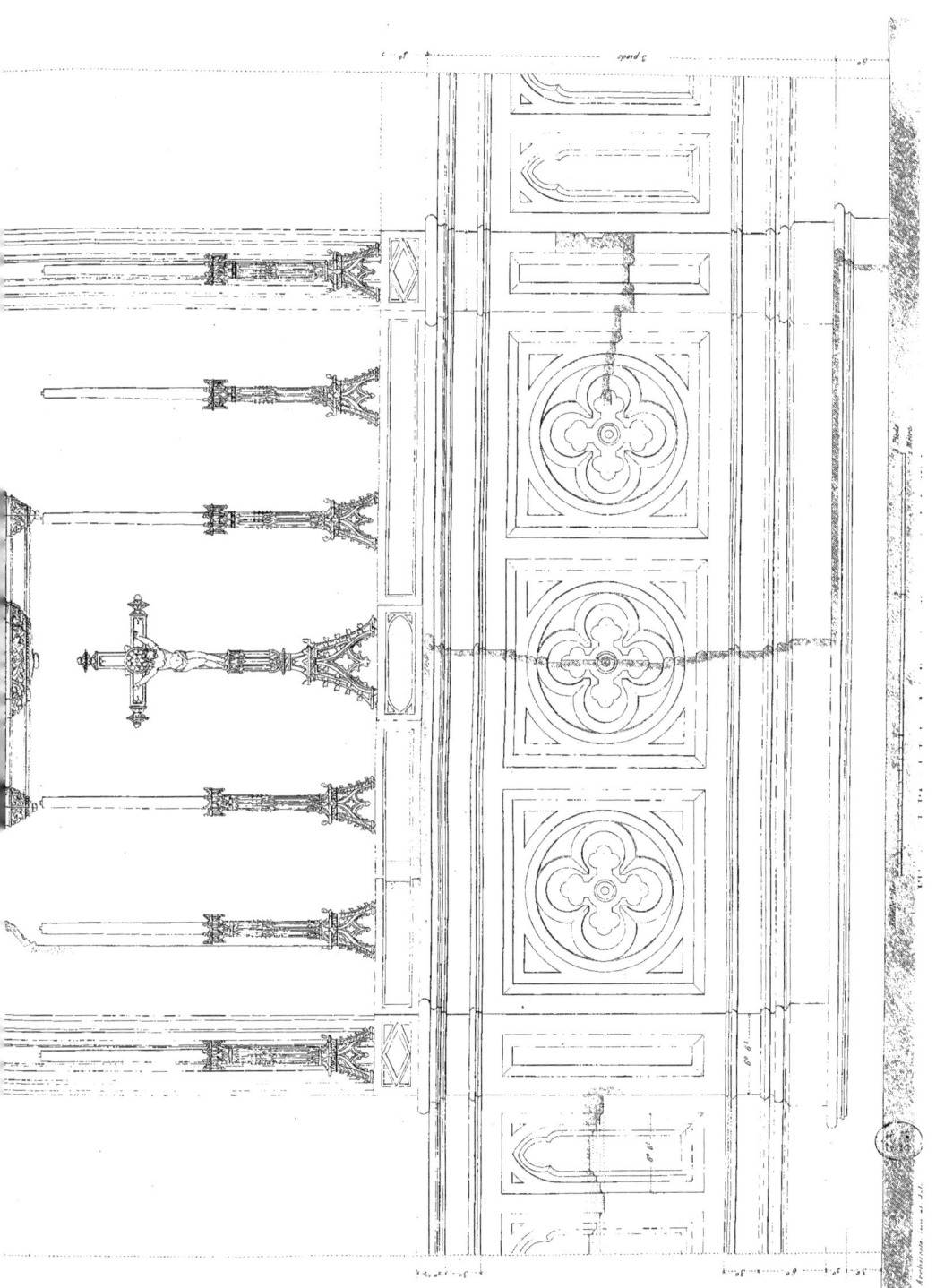

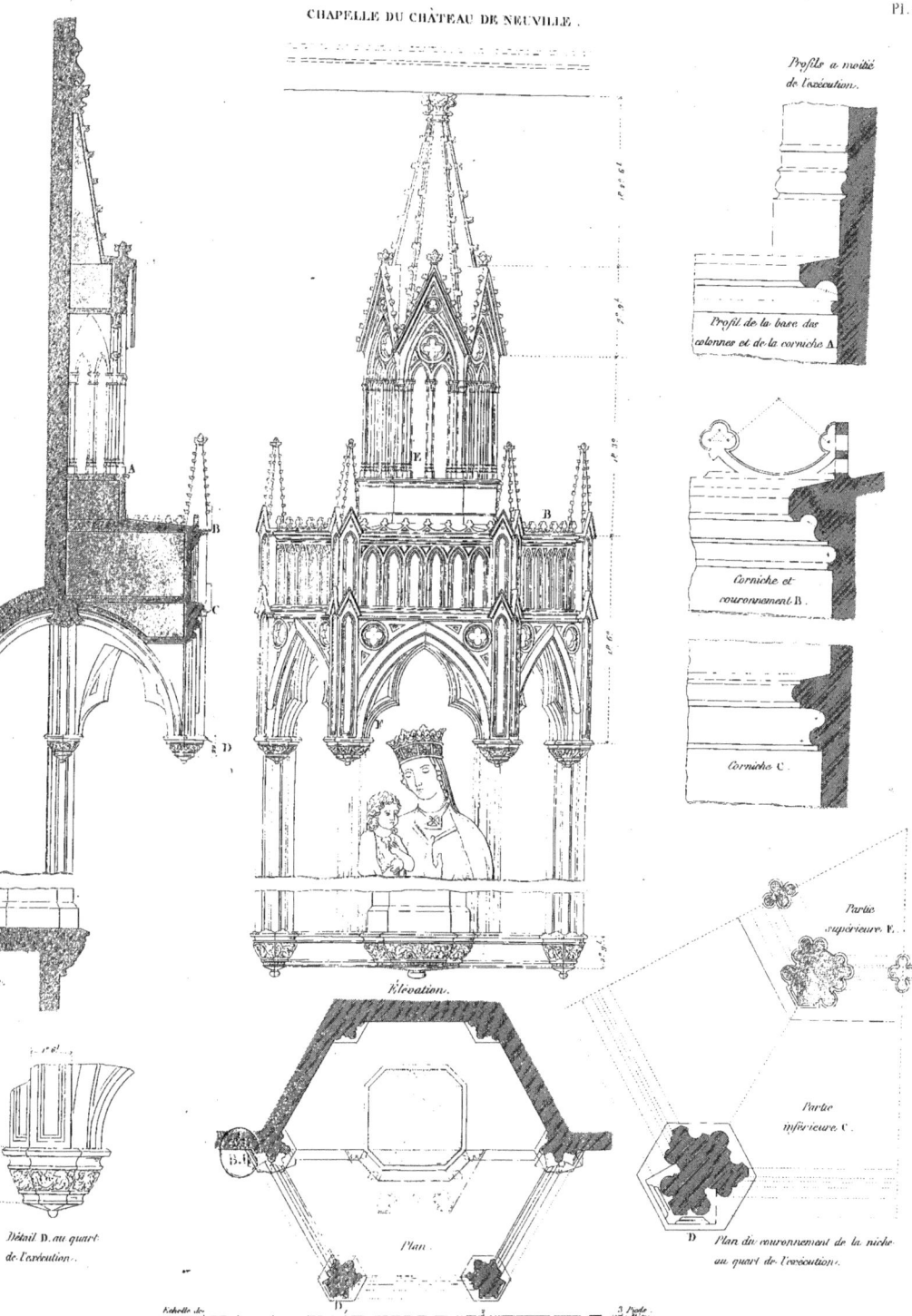

Profils a moitié
de l'exécution.

Profil de la base des
colonnes et de la corniche A.

Corniche et
couronnement B.

Corniche C.

Partie
supérieure F.

Partie
inférieure C.

Élévation.

Détail D. au quart
de l'exécution.

Plan.

Plan du couronnement de la niche
au quart de l'exécution.

Échelle de

3 Pieds.
Mètre.

Plan coupe élévation et détails de la niche au dessus de l'Autel.

A. Normand, sc.

COMPLÉMENT DU SPECIMEN GOTHIQUE.

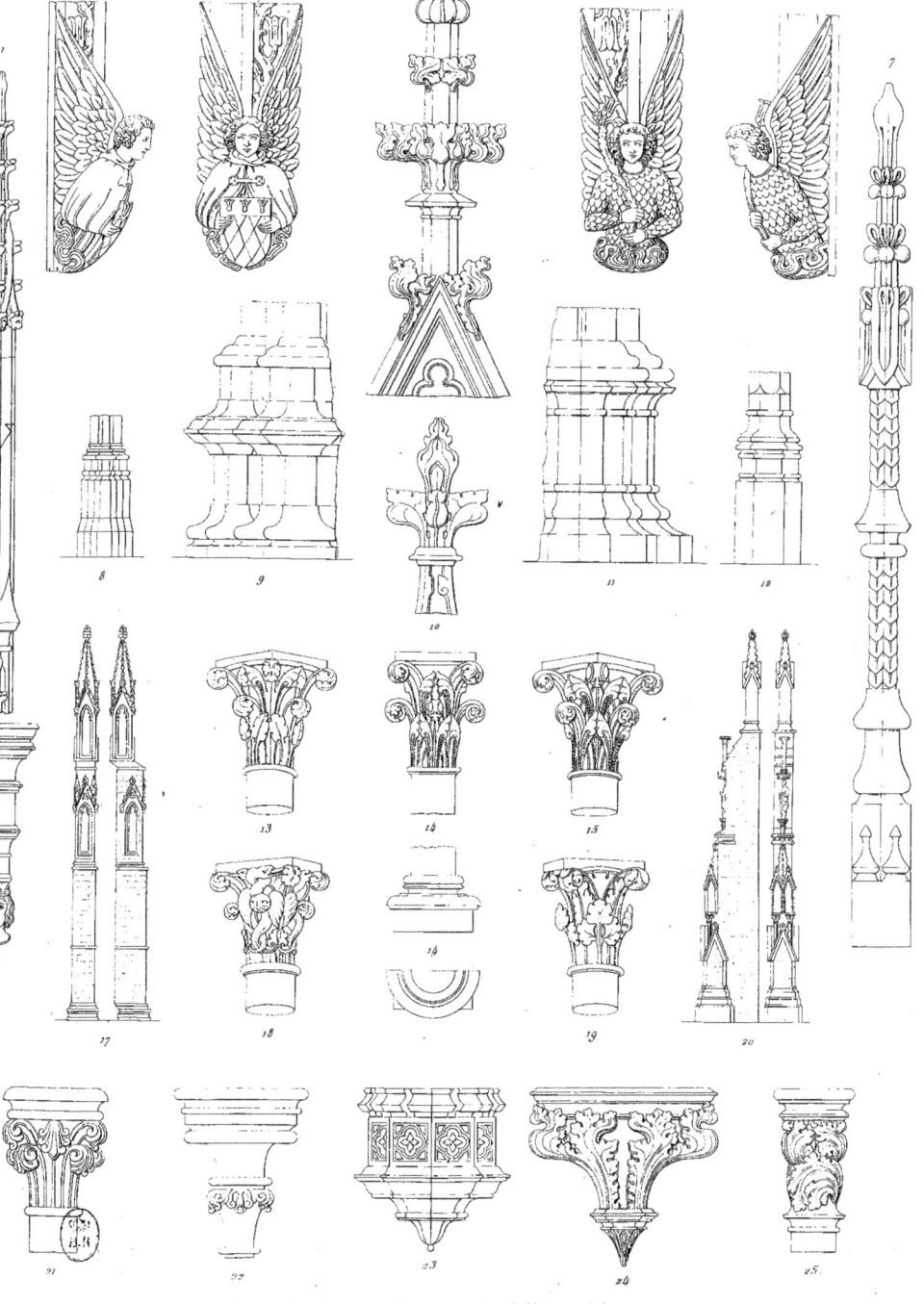

Exemples tirés de Monumens de différens Ages.

J. Ribault, sc.

ÉGLISE MÉTROPOLITAINE.

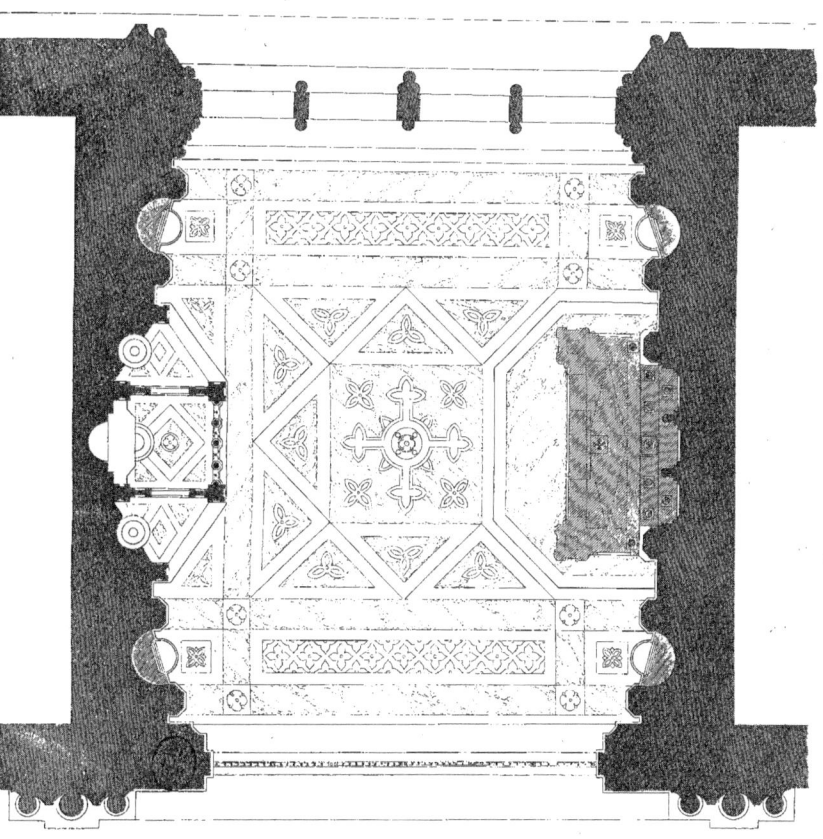

Plan de la Chapelle Sainte Clotilde.

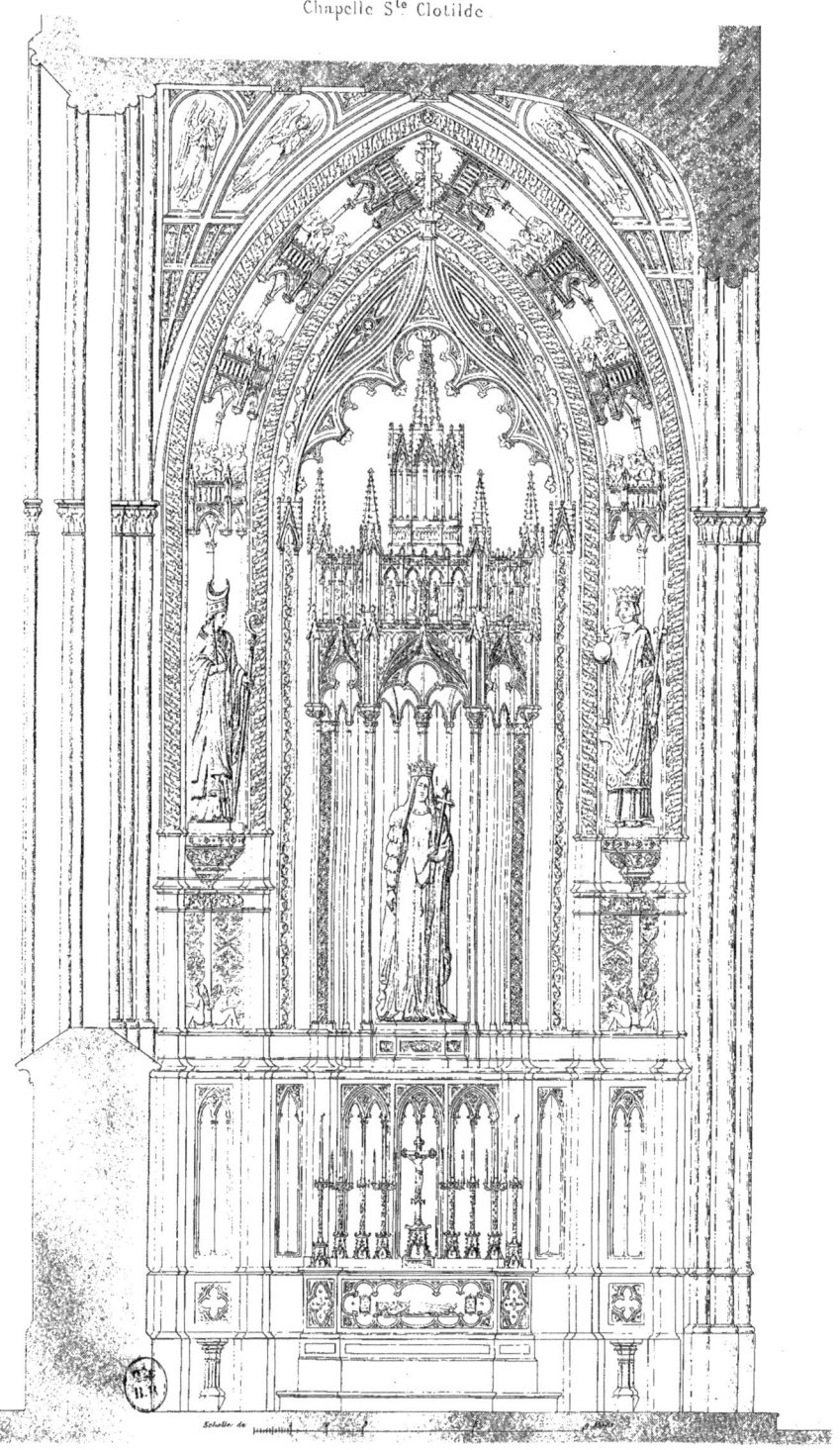

Coupe, côté de l'Autel.

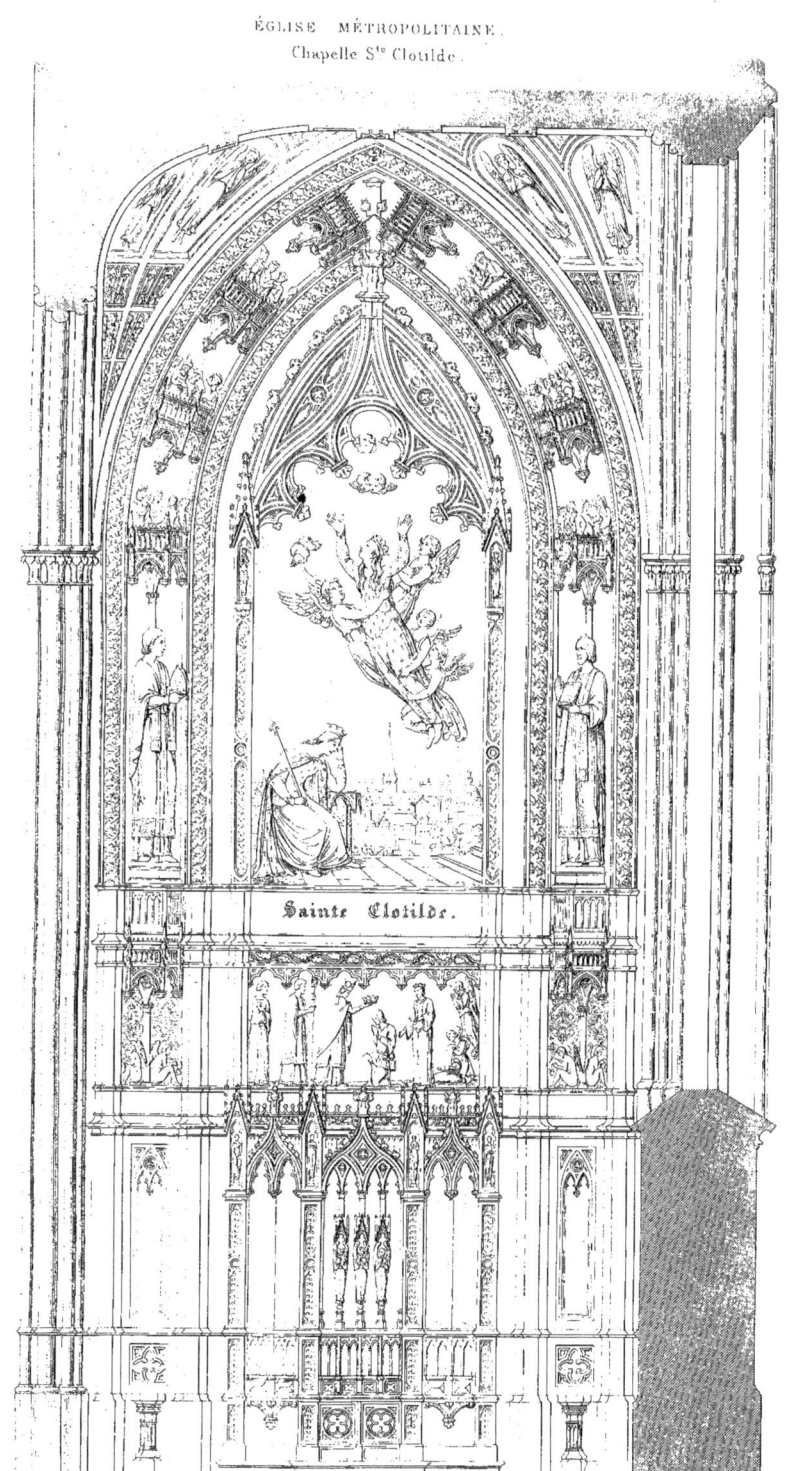

Sainte Clotilde.

Échelle de   1   2   3   6   9 Pieds

u. Arch.te inv. et del.

Coupe, côté du Confessionnal.

J. Arbault sc.

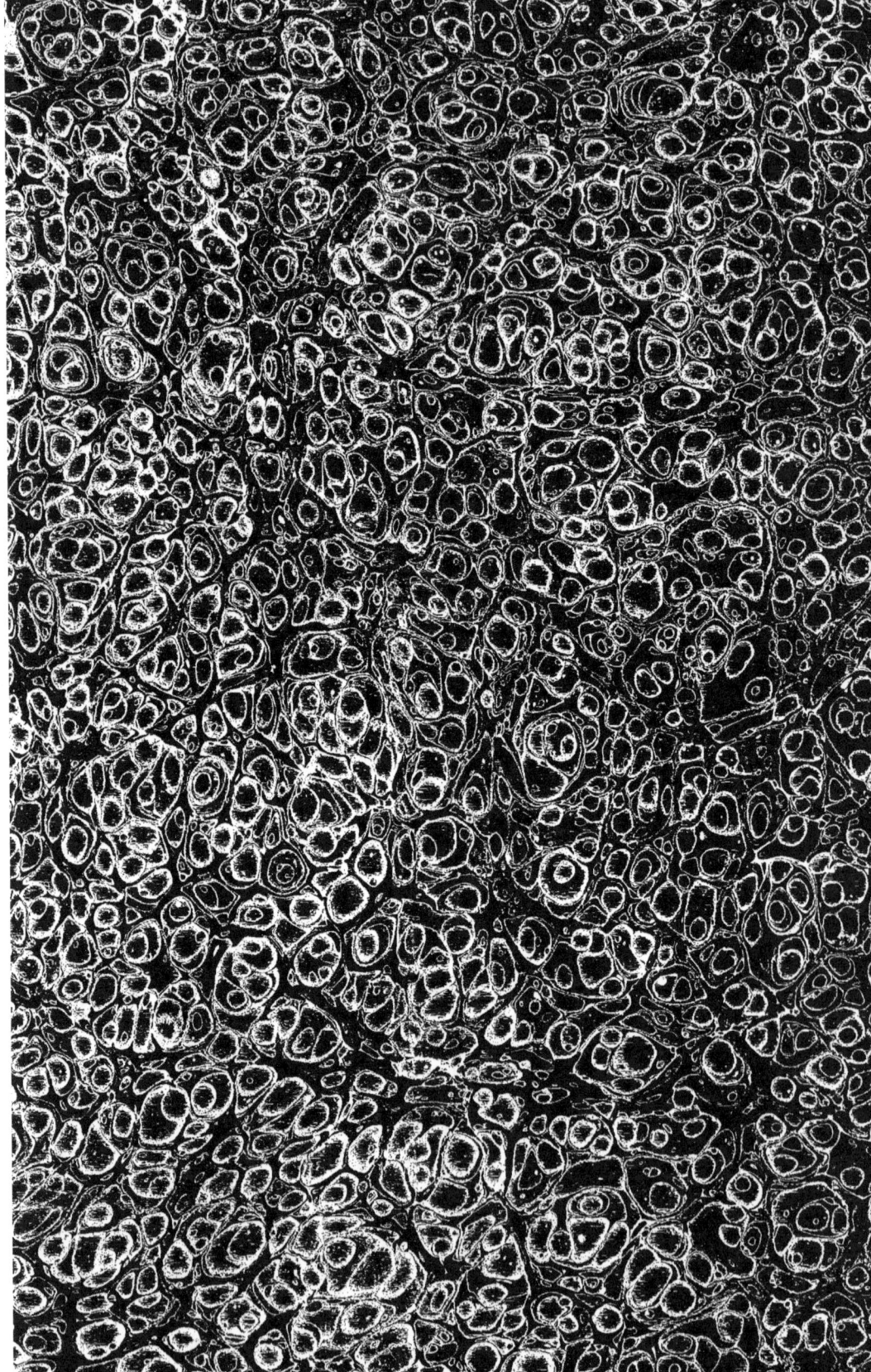

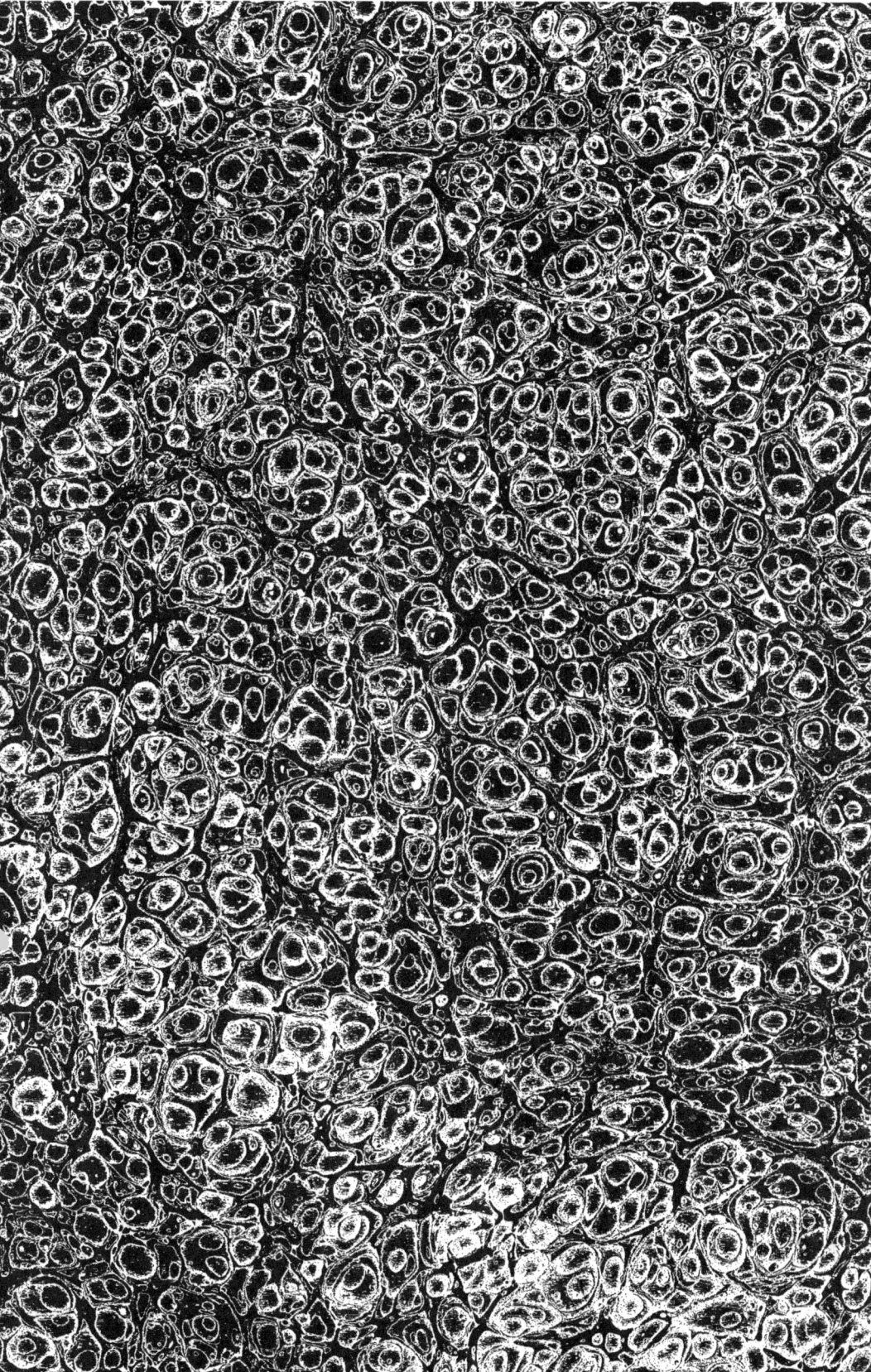

www.ingramcontent.com/pod-product-compliance
Lightning Source LLC
Chambersburg PA
CBHW071422220526
45469CB00004B/1383